看图秒懂
电动汽车

陈新亚　编著

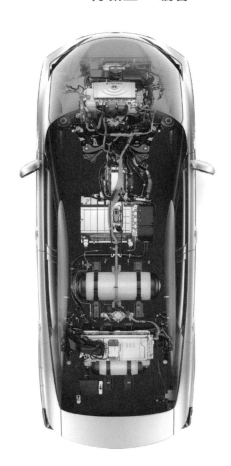

化学工业出版社
·北京·

内容简介

　　这是一本有关电动汽车基本构造和工作原理的入门级读物。本书以图解的方式和通俗的语言，介绍纯电动汽车、插电式混合动力汽车、燃料电池汽车的构造和原理；用物理、化学等基础科学知识，解释电机、电控、电池等电动汽车核心技术的工作原理；用科学去阐明电动汽车是什么。

　　本书适合汽车从业人员、职业院校学生、汽车爱好者、车主等阅读使用。

图书在版编目（CIP）数据

看图秒懂电动汽车 / 陈新亚编著． —北京：化学工业出版社，2022.10
ISBN 978-7-122-42035-0

Ⅰ.①看…　Ⅱ.①陈…　Ⅲ.①电动汽车-基本知识
Ⅳ.①U469.72

中国版本图书馆CIP数据核字（2022）第153635号

责任编辑：周　红

文字编辑：温潇潇

责任校对：边　涛

装帧设计：王晓宇

出版发行：化学工业出版社
　　　　　（北京市东城区青年湖南街13号　邮政编码100011）

印　　装：北京瑞禾彩色印刷有限公司

880mm×1092mm　1/16　印张10$\frac{1}{2}$　字数259千字

2023年1月北京第1版第1次印刷

购书咨询：010-64518888

售后服务：010-64518899

网　　址：http://www.cip.com.cn

凡购买本书，如有缺损质量问题，本社销售中心负责调换。

定　　价：99.00元

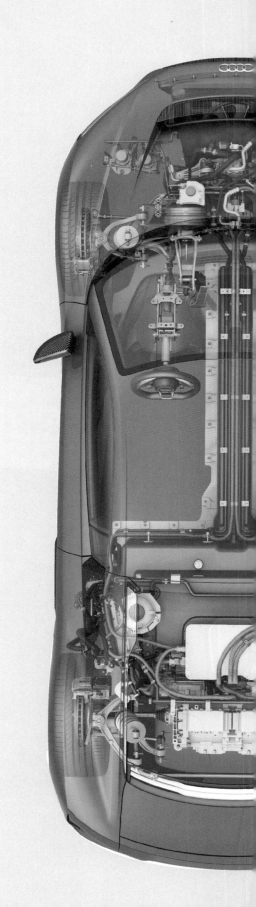

电动汽车的黄金时代即将来临

　　人类早就发现了磁和电的存在。一个偶然的试验，让人们发现了电与磁还存在关系，甚至还发现，电能生磁，而磁也能生电，并探求、总结出电与磁相互感应和作用的规律。这就是我们物理课上学过的法拉第电磁感应定律、楞次定律等。

　　至于磁是怎样产生的，为什么磁生电、电生磁，人类至今也没搞明白，也没有一个令人完全信服的解释。然而，这并不影响我们利用电与磁之间的关系发明一些机器来造福人类，如电动机、发电机等。尤其是电动机，早已遍布我们周围。在冰箱、洗衣机、空调、吸尘器、电脑、剃须刀、电动玩具汽车……上都能找到电动机；工厂的生产线、各种机床、电动工具等，没有电动机就无法运转；电动自行车、电动汽车、轨道交通、无人机等，也都是由电动机驱动的。我们人类已离不开电动机。

　　如今，电动机又成为汽车革命的核心动力，推动汽车往电动化、智能化、网联化方向迅猛发展。电动汽车开始挑战燃油汽车的公路霸主地位，正在不断蚕食传统汽车的市场。一些传统汽车企业已宣告停止或即将停止纯燃油汽车的生产。电动汽车的黄金时代即将来临。电动汽车相关技术和知识，将成为汽车从业人员、爱车人士、电动车主的必备。

　　《看图秒懂电动汽车》是一本介绍电动汽车构造与原理的入门级图书。针对现代人们快速阅读、期望百秒内获得一个知识点的需求，我们以大量精彩图片，配合通俗文字说明，由浅入深地解读最新电动汽车的构造、原理、相关知识、故事等，包括动力电池工作原理、电池管理控制、电动机原理和调速控制、整车控制、整车热管理，以及电动汽车的传动系统、行驶系统，并介绍了插电式混合动力汽车、增程式电动汽车、燃料电池汽车、智能网联汽车等现今热门而新鲜的电动汽车知识。

目 录
CONTENTS

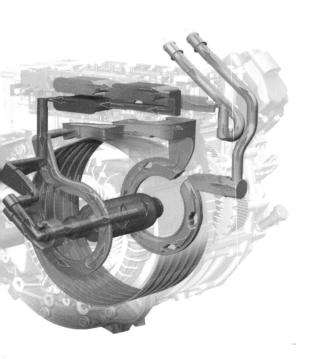

048
第4章
电动汽车的"大脑"：控制器

032
第3章
电动汽车的"心脏"：电机

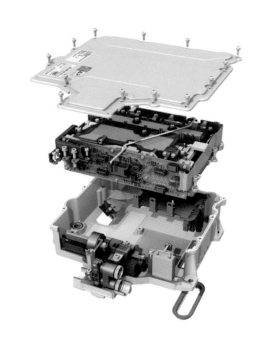

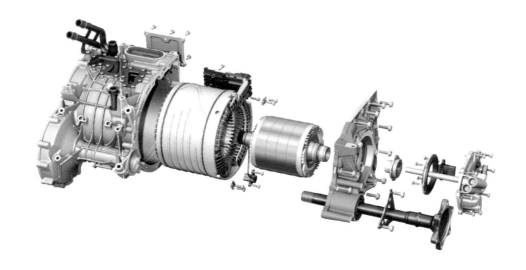

电动汽车的"管家"：热管理 ━━━

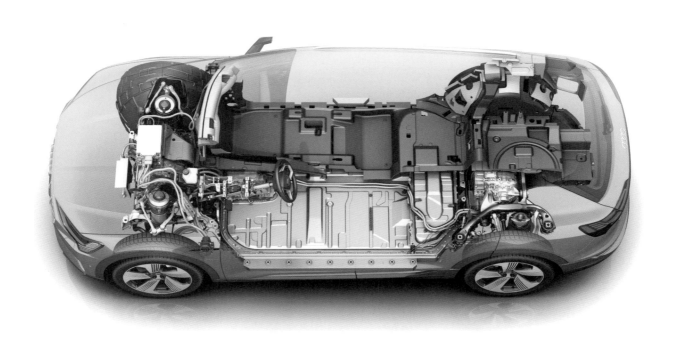

智能电动汽车：聪明的车

汽车动力系统示意图

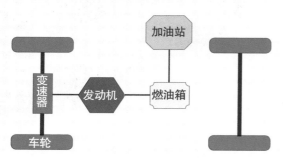

燃油汽车动力系统

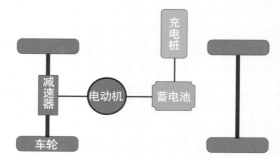

纯电动汽车动力系统

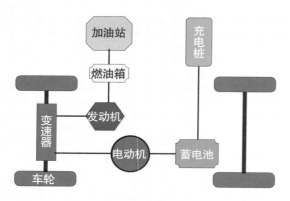

插电式混合动力汽车动力系统（并联式）

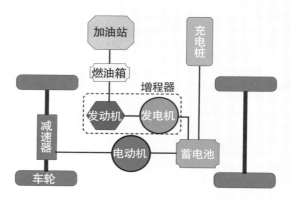

增程式电动汽车动力系统

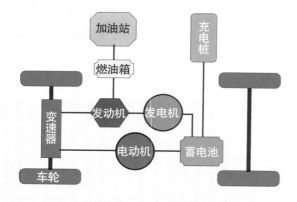

插电式混合动力汽车动力系统（混联式）

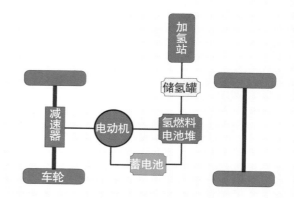

氢燃料电池汽车动力系统

第1章

电动汽车的前世今生

第1节　什么是电动汽车

扫一扫看动画视频

电动汽车：电能为主，电机驱动

！ 敲黑板：
纯电动汽车 / 插电式混合动力汽车 / 增程式电动汽车 / 燃料电池汽车

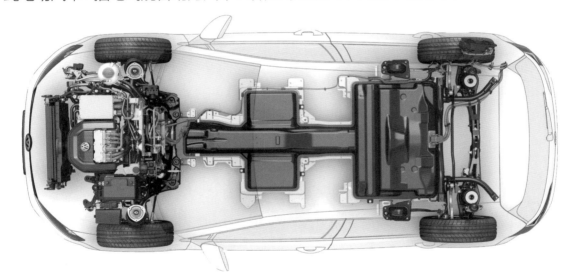

纯电动汽车构造图

　　电动汽车(Electric Vehicle，简称EV)是指完全或主要以电能为能源，用电机驱动车轮行驶，符合道路交通、安全法规各项要求的车辆。根据这个定义，依据电能来源方式的不同将电动汽车分为四种：

　　（1）以车载蓄电池为唯一电能来源的纯电动汽车（Battery Electric Vehicle，简称BEV）。

　　（2）以车载蓄电池为主要电能来源的插电式混合动力（混动）汽车（Plug-in Hybrid Electric Vehicle，简称PHEV）。

　　（3）以车载蓄电池为主要电能来源并可由其他能源（如汽油）进行电能补充的增程式电动汽车（Range Extended Electric Vehicle，简称REEV）。

　　（4）以车载燃料电池为唯一电能来源的燃料电池汽车（Fuel Cell Electric Vehicle，简称FCEV）。

　　新能源汽车并不等同于电动汽车。凡是不再将石化"旧能源"燃料作为唯一或主要能源的汽车，都可称为新能源汽车，包括电动汽车、太阳能汽车、氢燃料汽车、风能汽车、核能汽车和压缩空气汽车等。

纯电动汽车：电是唯一能源

扫一扫看动画视频

！ 敲黑板：

● 结构和原理最简单的电动汽车

纯电动汽车（Battery Electric Vehicle，简称BEV）是指完全由动力电池（如铅酸蓄电池、镍镉蓄电池、镍氢蓄电池或锂离子蓄电池等）提供动力的汽车。这种汽车完全由外接电源充电获得能量。

纯电动汽车是结构和原理最简单的电动汽车，它由动力电池、电机、电子控制器、减速器和差速器构成。它的工作原理是：动力电池通过充电接口从电网获取电能并储存；电动机接通电源后运转产生动力，通过减速器、差速器、传动半轴将动力传递到车轮，驱动汽车运动；电子控制器负责调节电机转速，从而起到调节汽车速度的作用。

与燃油汽车相比，纯电动汽车上的动力电池相当于燃油箱，电机＋电子控制器相当于发动机＋变速器。燃油汽车是将化学能转换为机械能，纯电动汽车是将电能转换为机械能。

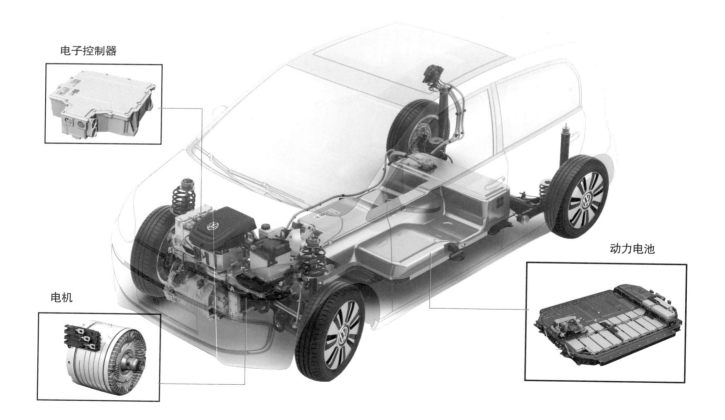

电子控制器

电机

动力电池

纯电动汽车构造图

插电式混合动力汽车：油、电都能用

！敲黑板：

结构和原理最复杂的电动汽车

插电式混合动力汽车(Plug-in Hybrid Electric Vehicle，简称PHEV)通常是指可以外接电源充电的油电混合动力汽车。它不仅可以加注燃油，利用发动机产生的动力直接或间接驱动汽车，还可以使用外接电源为动力电池补充电能，利用电机产生的动力驱动汽车。插电式混合动力汽车是最复杂的电动汽车，根据发动机与电动机的关系，可以将其分为并联、串联和混联三种类型。

并联：发动机和电动机可以单独或同时驱动汽车。

串联：发动机只负责带动发电机运转产生电能，通过动力电池、电动机间接驱动汽车；同时动力电池也能通过外接电源补充电能，利用电动机驱动汽车。其实这就是后面要介绍的增程式电动汽车。

混联：发动机既可以单独直接驱动汽车，也可以带动发动机运转产生电能，再通过动力电池、电动机间接驱动汽车；同时动力电池也能通过外接电源补充电能，利用电动机驱动汽车。由此可见，混联式的插电式混合动力汽车至少要配备两台电机、一台发动机、一台变速器，同时还要配备一套机械动力耦合装置，其结构和原理是相当的复杂。

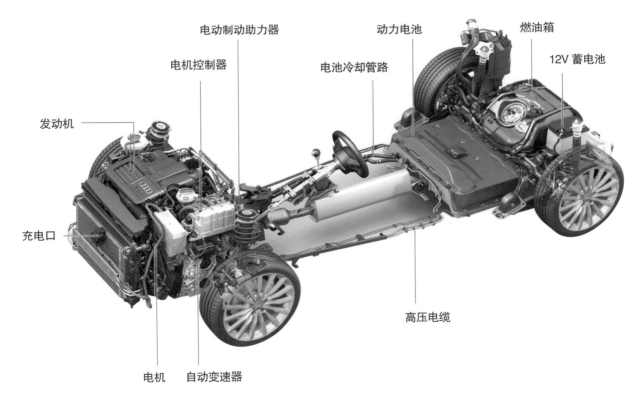

插电式混合动力汽车动力系统

增程式电动汽车：只用电机驱动

！敲黑板：

可以加油、充电的电动汽车，没有里程焦虑症

增程式电动汽车（Range Extended Electric Vehicle，简称REEV）也称增程式混合动力汽车、串联式插电式混合动力汽车，它配有一台燃油发动机，但并不用来直接驱动汽车，而只用来带动发电机发电，为车载动力电池补充电能，利用电动机驱动汽车。

由于它最终只使用电能和电动机驱动汽车，因此称其"电动汽车"要比"混合动力汽车"更合适。

发动机与发电机的组合称为"增程器"，在动力电池能量耗尽时可以补充电能，使汽车的续航里程增加，因此增程式电动汽车的续航里程都比较长，现在这种没有"里程焦虑症"的电动汽车越来越受欢迎。

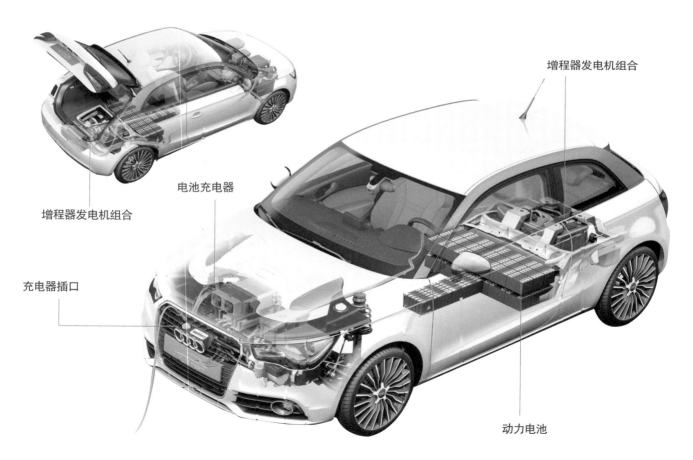

增程器发电机组合

增程器发电机组合

电池充电器

充电器插口

动力电池

增程式电动汽车构造图

燃料电池汽车：车载发电站

！敲黑板：

自带发电站的汽车，像燃油汽车一样方便适合

燃料电池汽车(Fuel Cell Vehicle，简称FCV)使用电能作为唯一能源，利用电动机驱动汽车运动，但它的电能不是通过外接电源充电获得的，而是利用车载燃料电池实时发电获得的。它可以像燃油汽车一样加注燃料，燃料在燃料电池中产生化学反应而输出电能，并利用电动机驱动汽车。

现在的燃料电池汽车大都采用氢作为燃料。代表车型：丰田Mirai等。

由于燃料电池在工作时产生一定的热量，不存在电池遇冷导致性能衰减的问题，所以燃料电池汽车更适合在寒冷的地方使用。此外，由于燃料电池汽车可以像燃油汽车那样很方便、快捷地补充燃料，因此它拥有较长的续航里程，更适合长距离行驶。现在国内的燃料电池汽车主要是重型卡车、长途客车等，在北方的应用较广。

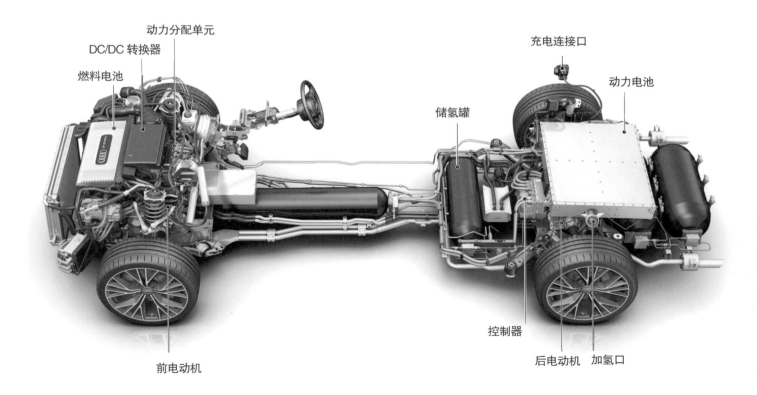

动力分配单元
DC/DC 转换器
燃料电池
充电连接口
动力电池
储氢罐
控制器
前电动机
后电动机　加氢口

燃料电池汽车底盘构造图

第2节　电动汽车的故事

第一辆电动汽车：存在争议

！敲黑板：
1881 年法国人特鲁夫发明了电动汽车

　　1881年4月19日，巴黎市中心的瓦卢瓦街上，一辆三轮车引起了路人们的关注，街道两旁站满了看热闹的人，只见一人坐在外形奇特的三轮车上。车的右侧是两个小车轮，负责转向；左侧是一个大车轮，负责驱动。虽然传动链条还在，但原来的脚镫子却不见了。车后部放了一个方盒子，看样子里面装满了东西。正当人们好奇这辆三轮车怎样往前走时，它开始慢慢地移动了，声音极小，但速度却越来越快，必须快步跑才能追上。这是一辆由蓄电池驱动的三轮车，堪称世界上第一辆电动汽车。操作这辆电动三轮车的是法国人古斯塔夫·特鲁夫（Gustave Trouve），他也是这辆电动三轮车的发明人。

　　据史料记载，特鲁夫展示的这辆电动三轮车装有6节可充电的铅酸电池，都装在车后的木盒子里。它由一台直流电动机驱动，那是由一台西门子小型直流电机改进来的，有效功率约70W。包括电池和骑乘人在内，电动三轮车的总质量约为160kg，最高车速12km/h。

　　对于到底是谁发明了电动汽车，一直存在争论。有人将1834年美国人托马斯·达文波特研制的直流电动汽车称为世界上第一辆电动汽车。后来还有荷兰和匈牙利的科学家，也被认为是电动汽车的发明人。但他们都是使用干电池作为车辆的动力电池。这种电池不能反复充电，只能一次性使用，因此人们并不认为它们是真正的电动汽车。

**古斯塔夫·特鲁夫研制出
第一辆电动汽车**

　　直到1865年，法国物理学家加斯顿·普兰特发明了一种可充电蓄电池。1881 年，法国化学工程师卡米尔·阿尔方斯·福尔（Camille Alphonse Faure），又开发了一种更高效、更可靠的铅酸蓄电池，电池容量显著增加。这是一项重大技术突破，打开了铅酸电池的工业制造大门，使得古斯塔夫·特鲁夫发明电动汽车成为可能。可惜的是，古斯塔夫·特鲁夫并没有为自己的电动汽车申请专利。据分析，他可能是考虑到可充电蓄电池、直流电动机和三轮车，没有一样是他发明和制造的，他只是将三者组合在一起而已。

扫一扫看动画视频

1881年第一辆三轮电动汽车在巴黎大街上引起路人围观

第一辆增程式电动汽车：可以跑长途了

！敲黑板：
也是第一辆电动四轮驱动汽车

费迪南德·保时捷(Ferdinand Porsche)在1889年设计出一辆前轮驱动的电动汽车，通过传动机构由电动机直接驱动车轮。他找到维也纳的车辆制造商洛纳（Lohner）并取得他的支持。不久双方合作打造的第一辆"洛纳-保时捷"电动汽车就上路了。此车充满电可行驶80km，在1900年巴黎博览会上展出后还获得了一个奖项。

1900年，费迪南德·保时捷再接再厉，他在"洛纳-保时捷"两轮驱动电动汽车的基础上又加装了一台电动机，一前一后两台电动机共同驱动车辆，从而使之成为世界第一辆四驱电动汽车。1900年9月23日，费迪南德·保时捷驾驶该车在蜿蜒崎岖的山路上以平均40km/h的速度行驶了近10km。

然而，费迪南德·保时捷很快就认识到，仅仅依靠蓄电池驱动的汽车有两个很严重的缺点：一是蓄电池过于沉重；二是储能有限，不能长途旅行。费迪南德·保时捷的解决方案是：采用增程式混合驱动系统增加续航里程。

费迪南德·保时捷将一台从戴姆勒采购来的汽油发动机装上车。当蓄电池中的电能快要耗尽时，使用汽油发动机带动一台发电机发电，然后再利用电能驱动汽车。世界第一辆增程式电动汽车就此诞生。

新型电动汽车在1901年正式推出。在费迪南德·保时捷的亲自驾驶下，这款增程式电动汽车的最高速度达到了56km/h，不仅打破了当时奥地利的多项汽车速度纪录，而且还赢得了1901年埃塞伯格拉力赛。此车上市后很快博得上流社会的喝彩，订单纷至沓来，到1906年就已经卖出去300多辆。

然而，此时正逢内燃机汽车迅猛发展，各种电动汽车最终坚持不住，渐渐从马路上消失。

费迪南德·保时捷
（1875—1952）

保时捷设计的两轮驱动的电动汽车

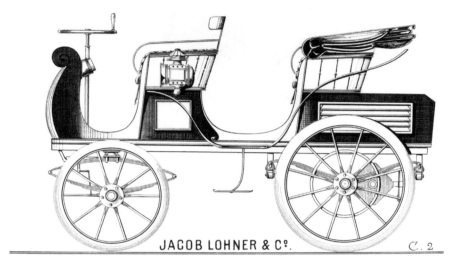

保时捷设计的两轮驱动的电动汽车

保时捷设计的第一辆增程式电动汽车，同时也是第一辆四轮驱动的电动汽车

电动汽车曾风靡一时：竞争中曾占上风

！敲黑板：

1895—1905 年是早期电动汽车的黄金年代

1895—1905年是早期电动汽车的黄金年代。这个时期的电动汽车是汽车制造技术的先进代表。而那时的蒸汽汽车很容易受寒冷天气的影响，不仅产生蒸汽的过程缓慢，而且每加一次水的续航里程较短。同时，汽油汽车也会受寒冷天气影响，不仅不容易启动，而且夜晚还必须将水放出。更要命的是，当时还没有消声器，汽车的噪声非常大，往往会使马匹受到惊吓。因此，在与蒸汽汽车、燃油汽车、马车的竞争中，电动汽车一时稍占上风。

然而进入到20世纪20年代，随着内燃机技术的进步，电动汽车逐渐失宠。汽油汽车加满一次油的行驶里程，是电动车充满一次电行驶里程的3倍。电动汽车技术停滞不前，没有太大进步。在这种背景之下，电动汽车被淘汰也是必然的。

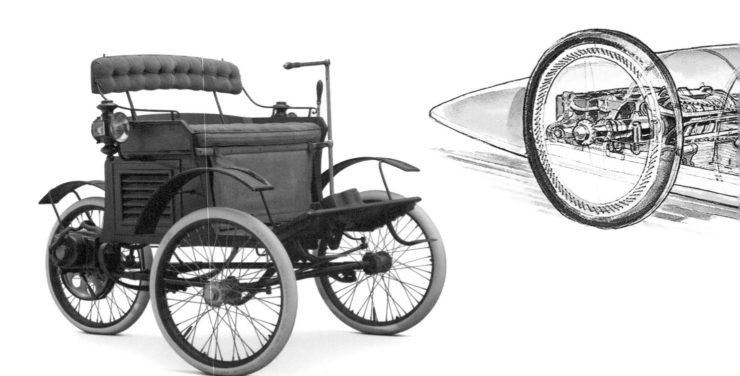

1896 年美国赖克（Riker）电动三轮车

美国哥伦比亚（Columbia）汽车公司成立于1899年，专业从事电动汽车的制造。在1901年制造的这款电动汽车，最高速度为45km/h，续航里程72km，变速器有3个前进挡、2个倒挡。这款名为XXXI的电动汽车当年售价为650美元

这款电动汽车的驾驶座在乘客座的后方，座位较高，很是奇特

1901年美国哥伦比亚Mark XXXI 电动汽车

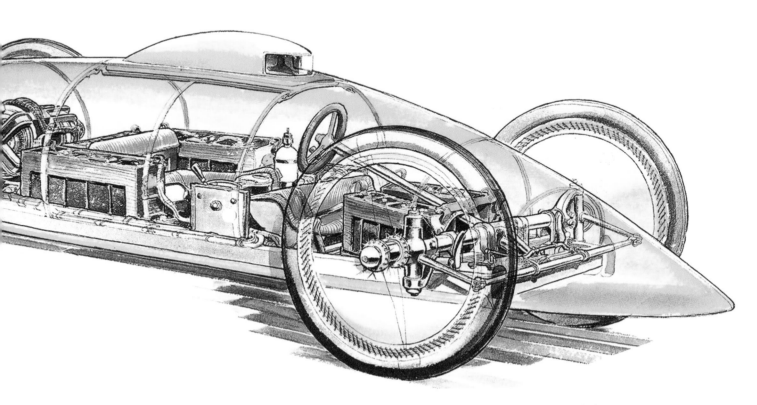

1902年美国贝克（Baker）公司用来创造速度纪录的"陆上鱼雷"电动汽车

第一辆燃料电池汽车：登月车的副产品

> ! 敲黑板：
> 启动和熄火各需要 3 个小时

1839年，威尔士法官和物理学家威廉·罗伯特·格罗夫(William Robert Grove)率先发明氢燃料电池后，燃料电池并未得到实际应用。直到1961年美国总统肯尼迪宣告，在10年之内将人类送上月球，才考虑登月车使用氢燃料电池作为动力系统。燃料电池不仅可以为登月车提供电力，而且它的排放是水，可为机组人员提供纯净饮用水。

当时身为全球第一大汽车巨头的通用汽车，当仁不让地接受了研发氢燃料电池动力的任务。由Craig Marks 博士领导的250人的团队，历经两年，在1966年1月开发出一辆燃料电池测试车Electrovan。这也是世界第一辆燃料电池汽车。

Electrovan的外观与普通的GMC Handivan汽车一样，但它的燃料电池系统将车内塞得满满的。它使用液态氢和液态氧作为燃料，燃料电池功率为5kW，最高车速100km/h，续航能力约193km。这套燃料电池动力系统后来被移植到阿波罗15号月球车上，这也是第一辆月球车，成功地奔驰在月球表面。

威尔士法官和物理学家威廉·罗伯特·格罗夫

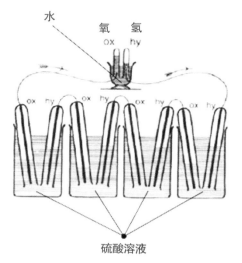

格罗夫发明的燃料电池原理示意图

　　作为测试车的Electrovan只在通用汽车的试车跑道上行驶，而且启动着车非常麻烦，大概耗时3个小时后才能开始行走。同样，要关停熄火也需要3个小时。在发生了几次事故后，其中一次是氢气罐爆炸，考虑到安全问题，氢燃料电池汽车项目被叫停，Electrovan测试车也被打入冷宫，存入美国密歇根州旁蒂亚克（Pontiac）的仓库中。2001年，世界第一辆燃料电池汽车Electrovan重见光明，并成为通用汽车遗产中心的镇馆之宝。

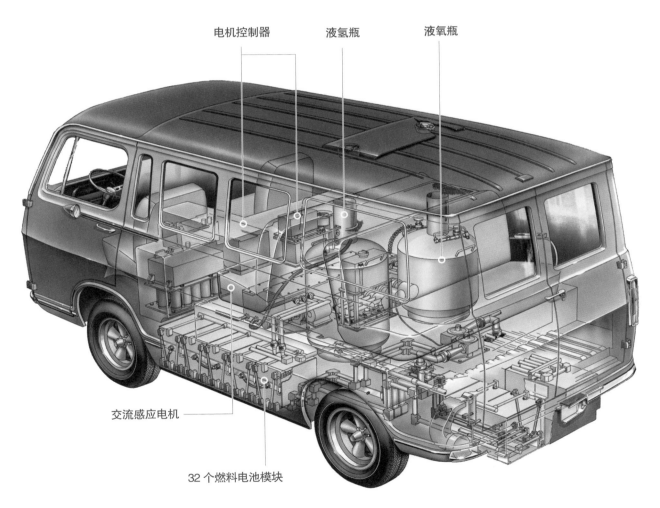

通用汽车 **Electrovan** 燃料电池汽车构造图

第2章

电动汽车的"血液"：电池

第1节 电池发明的故事

电池的发明： 1800 年 / 伏打

! 敲黑板：
受青蛙试验的启发，伏打发明了电池

1789 年的一天，意大利生物学家伽伐尼（Luigi Galvani，1737—1798）在一次解剖青蛙时，把铜钩钩着的青蛙腿挂在阳台的铁栏杆上，偶然发现蛙腿每次碰到铁栏杆时就会立刻抽搐一下。经研究，伽伐尼认为，出现这种现象是因为动物躯体内部产生的一种电，他称之为"生物电"。其实他的这种看法是错误的。

然而，伽伐尼的发现引起了物理学家们的极大兴趣，他的同事意大利物理学家伏打（Alessandro Volta，1745—1827）则决定要亲自体验"生物电"。他将放在舌尖上的锡箔与一枚银币接触，感觉到满口酸味。由此他猜想伽伐尼的"生物电"说法可能是错的。在多次试验后认为，青蛙的躯体之所以能产生电流，与青蛙的大腿肌肉无关，而是肌肉中某种液体在起作用。所谓的"生物电"是一种金属电，是由两种金属之间的相互作用引起的。

1799 年，为了论证自己的观点，伏打把铜板、锌板，用浸过盐水的硬纸板相互隔开并堆积在一起，果然不断得到电流。其原理是：盐水相当于电解质，盐水中的锌板、铜板的电势不同，存在一个电势差，当锌板、铜板之间用一个导体连通时，电子就会从电势低的一端向电势高的一端移动，从而形成电流。

伏打所做的这个试验称为"伏打电堆"，这就是世界上最早的化学电源，也就是电池的鼻祖。现在所有类型的电池，仍是采用伏打 220 多年前采用的"阳极 + 电解质 + 阴极"方式和原理制造的。

现在电压的单位"伏特"，就是为了纪念伏打对电化学和物理学的贡献。

意大利生物学家伽伐尼
（1737—1798）

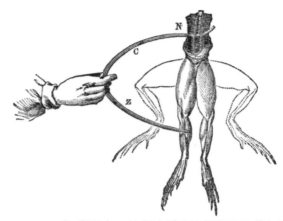

伽伐尼在一次解剖青蛙时发现了"生物电"，从而启发伏打发明了电池

意大利物理学家伏打
（1745—1827）

伏打把铜板、锌板，用浸过盐水的硬纸板相互隔开并堆积在一起，组成"电池堆"，从而发明了电池

可充电蓄电池的发明：1860年/普兰特

！ 敲黑板：

现在纯电动汽车也离不开铅酸电池

先说，伏打发明的电池不能再充电，只能一次性使用，用完只能扔掉，因此称为"一次电池"，或原电池。可以反复充电使用的电池称为"二次电池"，或可充电电池。

1802年，法国科学家尼古拉斯·戈特洛特（Nicolas Gautherot）用两根试管、一根铂线和一块电池，成功地将水电解为氢和氧，并分别收集于不同的试管中，然后断开电源，在断开处装一个电流计，结果测得有"二次"电流通过。这就是最早的实验型"二次电池"。

1859年，法国物理学家加斯顿·普兰特（Gaston Plante,1834—1889）根据这一现象，又进行了深入试验研究。他将两个铅片用橡胶条隔开，卷成螺旋状，浸入含有约10%硫酸的溶液中，制成第一个铅酸电芯。第二年，世界第一个铅酸电池就诞生了，这也是第一个二次电池，可以反复充电、蓄电。

1881年，法国化学工程师卡米尔·阿尔方斯·福尔（Camille Alphonse Faure），开发了一种更高效、更可靠的铅酸蓄电池。与普兰特的电池相比，福尔的电池在容量上显著增加。这是一项重大技术突破，导致了铅酸电池的工业制造，并开始用于驱动汽车。现在汽车上常用的12V铅酸电池由6个2V的单格电池串联而成，因此它的总电压是12V。

铅酸电池今天仍在汽车上使用，包括燃油汽车、混合动力汽车以及纯电动汽车，它们都离不开铅酸电池。但铅酸电池的基本原理，自1859年以来一直没有改变。

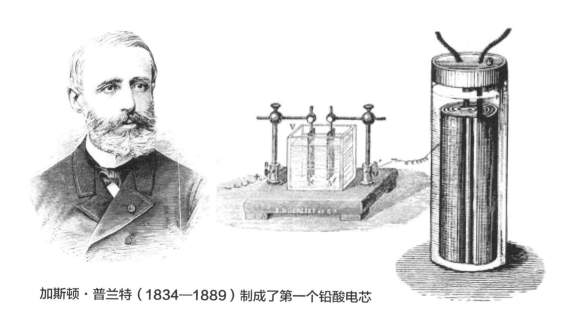

加斯顿·普兰特（1834—1889）制成了第一个铅酸电芯

1957 年法国发行的纪念普兰特和他发明可充电电池的邮票

伦敦科学博物馆里有一个原始的普兰特电池（上图）。它由 20 个独立的单元组成；每个电池都是一层薄薄的铅，卷在一些过氧化铅周围，用稀硫酸作为电解质。顶部的精致开关允许电池从并联切换到串联

1860 年，普兰特将 9 个铅酸电芯装在一个盒子中组成一个电池，9 个电芯的极板都并联起来，世界第一个铅酸电池就诞生了

电池名字五花八门：起名有规律

！敲黑板：

锂离子电池多以阳极材料作为电池的名字

车用电池的名字五花八门，看起来有点乱，如果知道了它们的命名方式，就清楚多了。

根据结构和原理命名： 化学电池、物理电池。现在汽车上使用的各种蓄电池、燃料电池，都属于化学电池，因为它们都是利用化学反应而将化学能转化为电能。而物理电池中最常见的是超级电容、太阳能电池，它们在充放电时并不发生化学反应。

根据正极活性物质命名： 如磷酸铁锂电池、锰酸锂电池、钴酸锂电池、三元电池等。

根据正极和负极材料命名： 如镍氢电池，正极活性物质主要为镍，负极活性物质为金属氢化物，因此称为镍氢电池。

根据极板和电解质材料命名： 如铅酸电池，使用铅作为极板，硫酸液作为电解质。

根据电解质形态命名： 如液态电池、固态电池。

根据电池外观形状命名： 如圆柱电池、方形电池和软包电池；长条形的电池组称为"刀片"电池。

根据电芯外形尺寸命名： 如 18650 电池，即直径 18mm、长度 65mm 的圆柱电池；4680 电池，即直径 46mm、高 80mm 的圆柱电池。

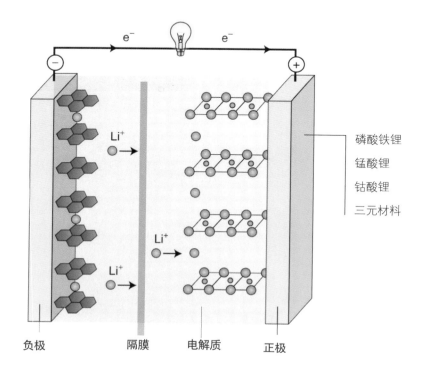

负极　　　隔膜　　　电解质　　　正极

圆柱电芯

圆柱电池

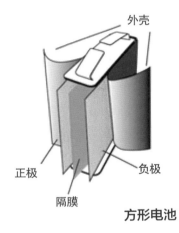

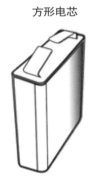

方形电芯

方形电池

为什么电芯的个头越来越高大？

电芯正在不断长高长胖。比如圆柱电芯从18650，到21700，再到4680演进；方形电池要么走向长薄条（比亚迪的"刀片"电池），要么走向又厚又长的方块。其主要原因有两个：一是电芯变大后可以减少单车使用电芯的数量，从而减轻成组的复杂程度，降低成本，提高可靠性；二是电芯变大后，再由电芯组成模组后，可以减小电芯之间的空隙，从而提升单位体积电池的能量密度。使用方形电芯替代圆柱形电芯也是为了减小电芯间空隙，提升能量密度。

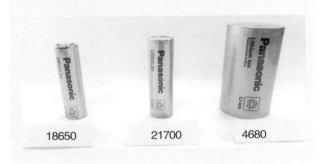

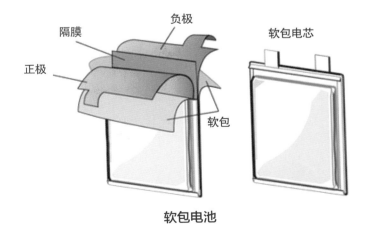

软包电池

第2节　电池的构成与原理

电池的构成：从电芯到电池包

！敲黑板：
电芯有圆柱形、方形、软包三种形态

电芯（Cell）

拆开电动汽车的底部，最先看到的动力电池系统并不是一块电池或一个大电池，而是由成百上千个"小电池"组合而成的。这些"小电池"称为"电芯"（Cell）或单体电池，它是电池的最基本单位。

电芯主要由四种组件构成：正极片、负极片、电解质和隔膜。电池在充电或放电时，所有的化学反应都是在电芯中发生的。

根据封装工艺的不同，可制造出三种形态的电芯：圆柱形、方形、软包。其中前两种都是用卷绕的方式制造，将正极片、负极片、隔膜卷成圆柱形或方形；软包电芯则是采用层叠工艺制造，像三明治那样，将正极片、负极片和隔膜堆叠而成。

模组（Module）

一个电芯的电压和能量极有限，必须将一定数量的电芯以串联或并联的方式连接在一起并放进一个框架中，组成一个电池"模组"（Module）。电池模组可以保护电芯免受外热或振动的影响。

电池包（Pack）

一个电池模组的能量还是不能满足电动汽车的需要，必须将多个电池模组再组合在一起，并装上金属保护外壳、电池管理系统（BMS）、加热或冷却系统等，构成一个更大的"电池包"（Pack），最终以电池包的形态安装在汽车上。根据设计布局，一辆电动汽车可以由一个或多个电池包共同组成动力电池系统。

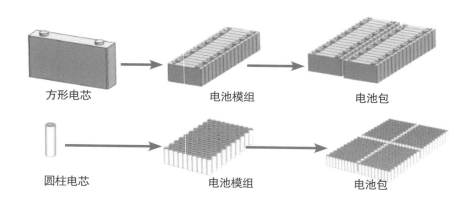

方形电芯　　电池模组　　电池包

圆柱电芯　　电池模组　　电池包

电芯、电池模组和电池包组装示意图

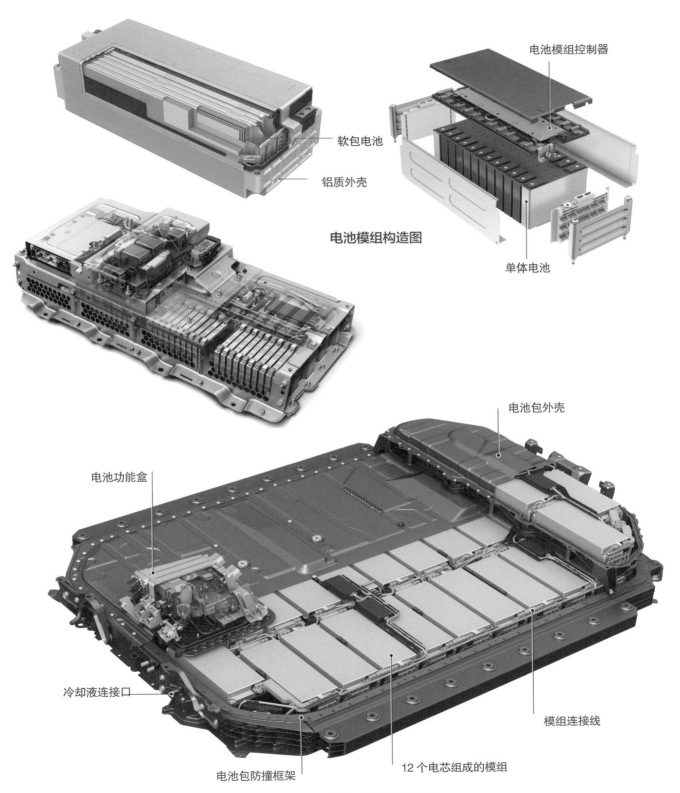

软包电池

铝质外壳

电池模组控制器

单体电池

电池模组构造图

电池包外壳

电池功能盒

冷却液连接口

模组连接线

电池包防撞框架

12 个电芯组成的模组

动力电池包构造图

锂离子电池结构：正极材料有锂

！敲黑板：

正极、负极、电解液、隔膜、壳盖和箔材

目前用于动力的锂离子电池根据外形分为圆柱电池、方形电池和软包电池。根据电池单体使用的正极活性物质不同，分为磷酸铁锂电池、锰酸锂电池、钴酸锂电池、三元电池等。其名字取自它的正极材料采用的含锂离子的化合物。

锂离子电池的构成

与所有电池一样，锂离子电池也由正极、负极、电解液、隔膜、壳盖和箔材等组成。

正极：目前商品化的正极材料有钴酸锂、锰酸锂、三元材料（NCM 和 NCA）和磷酸铁锂。

负极：目前商业化锂离子电池负极材料主要是人造石墨、天然石墨、钛酸锂和硅碳复合石墨材料。

电解液：电解液由电解质和溶剂两部分组成，主要是起到在正负极间传输锂离子的作用。一般由高纯度的有机溶剂、电解质锂盐（六氟磷酸锂 $LiPF_6$）、必要的添加剂等原料组成。

隔膜：隔膜的作用是将正负极在物理上隔离，阻止电池单体正负极短路，同时提供离子转移通道。隔膜一般由无纺布或聚合物薄膜制成。

壳盖：电池壳盖需要一定的强度和良好的密封性。圆柱电池和方形电池一般使用镀镍钢和铝材，可考虑设置有效的安全保护装置，具备 如断电、熔断、泄压等功能。

箔材：锂离子电池一般负极使用铜箔、正极使用铝箔，起到正负极集流的作用。箔材要求高延伸率、高强度，保证全生命周期电池的安全性。

扫一扫看动画视频

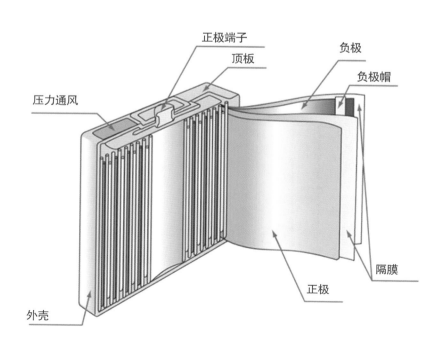

方形电芯构造示意图

锂离子电池工作原理：锂离子来回跑

扫一扫看动画视频

! 敲黑板：
摇椅式蓄电池

在对电池充电时，正极上的锂原子被氧化成锂离子，同时释放电子，而锂离子和电子兵分两路，分别向负极运动。锂离子通过电解质、隔膜跑向负极，电子通过外部电源跑向负极，两者到负极后结合，还原成锂原子并被嵌入负极石墨分子之间。

在电池放电时，嵌在负极石墨分子中的锂原子被氧化成锂离子，同时每个锂原子会释放一个电子，而锂离子和电子兵分两路，分别从负极跑向正极。锂离子通过电解质、隔膜跑向正极，电子通过外部用电设备跑向正极。两者到正极后结合，还原成锂原子并被嵌入正极材料。

就这样，在充电和放电过程中，锂离子不断在正极和负极之间来回"奔跑"，所以锂离子电池也称摇椅式蓄电池。

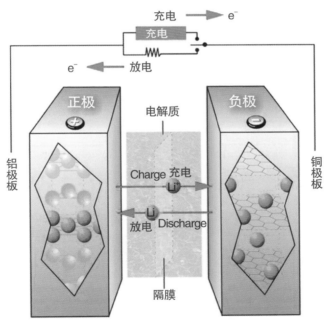

锂离子电池原理示意图

你知道吗？

什么是正极、负极、阳极、阴极？

正极、负极是电池放电时的极性概念。正极是指电势较高的电极，负极是指电势较低的电极。放电时电子是从负极到正极，电流是从正极到负极。

阳极、阴极是电池充电时的极性概念。阳极是发生氧化反应的电极，阴极是发生还原反应的电极。

放电时的正极，在充电时就是阴极；放电时的负极，在充电时就是阳极。

第3节　电池的管理与安全

扫一扫看动画视频

锂离子电池热失控：怕冷又怕热

！ 敲黑板：
最佳工作温度为 20 ~ 30℃，合理工作温度为 0 ~ 45℃

　　电动汽车上通常使用的锂离子电池，既怕冷又怕热。它的工作温度不能太高，否则容易在内部形成结晶，可能导致内部刺穿，损坏电池；电池温度也不能太低，低于合理工作温度会让电池的锂离子活性降低，放电性能或者说续航里程大打折扣。

　　据研究，在低于-20℃时，锂离子电池放电容量只有常温时的31.5%左右。其主要原因是：

　　（1）低温环境下，电解液的黏度增大，甚至部分凝固，导致电导率下降。

　　（2）低温环境下，电解液与负极、隔膜之间的相容性变差。

　　（3）低温环境下，锂离子电池的负极析出锂严重。

　　在温度高于45℃时，锂离子电池内部的化学平衡可能会被破坏，甚至导致击穿，出现热失控。热失控是指电池单体内部发生放热连锁反应，引起温度急剧变化，从而可能导致电池过热、起火、爆炸等。目前分析引发电池热失控的原因主要有电池受到机械滥用、热辐射、电池内部短路、恶劣环境滥用等。

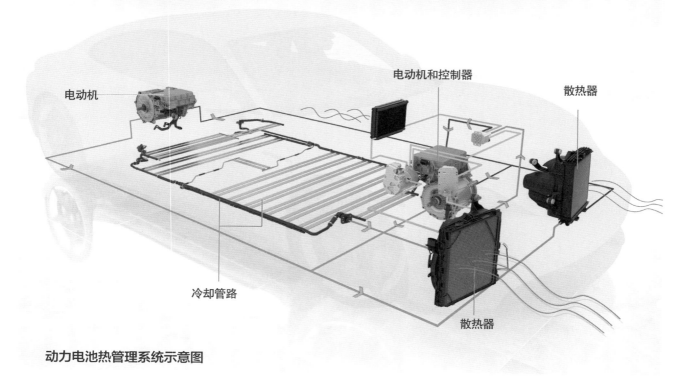

动力电池热管理系统示意图

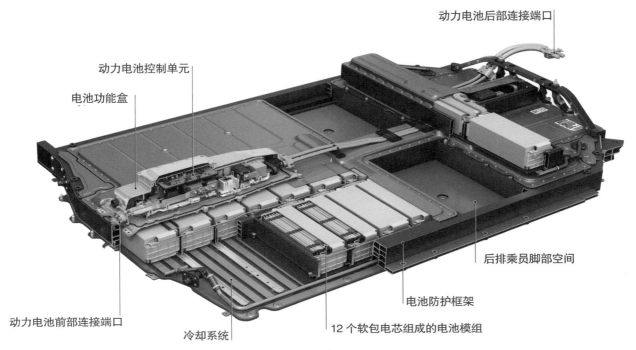

动力电池后部连接端口

动力电池控制单元

电池功能盒

后排乘员脚部空间

电池防护框架

动力电池前部连接端口

冷却系统

12 个软包电芯组成的电池模组

动力电池构造

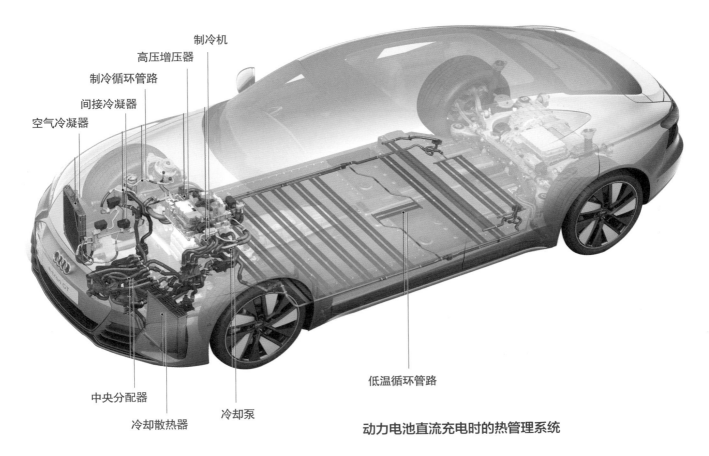

制冷机

高压增压器

制冷循环管路

间接冷凝器

空气冷凝器

中央分配器

冷却散热器

冷却泵

低温循环管路

动力电池直流充电时的热管理系统

动力电池热管理：冷却 + 加热

敲黑板：

保证电池在安全温度区间工作

电动汽车都会装备动力电池热管理系统，监测电池的工作温度等状况，出现异常时及时报警和处理。动力电池热管理系统主要有三方面内容：

冷却降温：当电池温度较高时，利用冷却液循环、自然风散热、热泵空调等冷却方式，对电池进行冷却降温。

加热升温：当电池温度较低时，利用收集的电机电控模块工作时的热量，或利用热泵空调、PTC加热器等制热装置，对电池工作环境进行加热升温。

调整充放电策略：在充电和放电时，如果电池工作温度超过45℃或低于0℃时，应调整充放电策略，如降低倍率，保证电池在安全温度内工作。充电策略一般包括充电温度、充电倍率和充电电压。

比如，特斯拉Model S的电池组由7000多个单体电池组成。针对锂离子电池过热的问题，它采用一套独特的热管理系统，将冷却液在围绕单体电池的密封管中穿梭循环，保证每个单体电池的工作温度控制在合理范围内，而且保证所有单体电池之间的温差不超过2℃。另外，通过分区隔离的方法，将失控电池尽可能控制在少量电池范围内，同时提供预警。

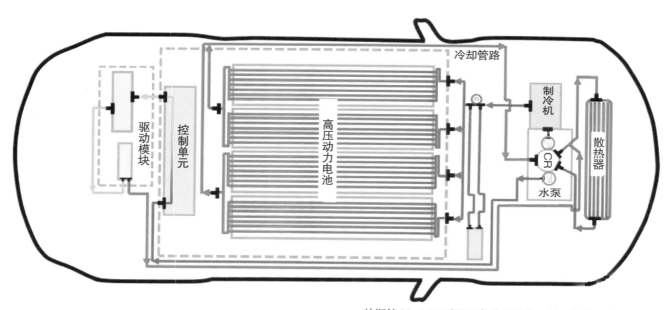

特斯拉 Model 3 动力电池冷却系统

特斯拉 Model 3 采用两条冷却路线：其一是由制冷机对高压蓄电池进行冷却；其二是由水泵和散热器对驱动模块和控制单元进行冷却

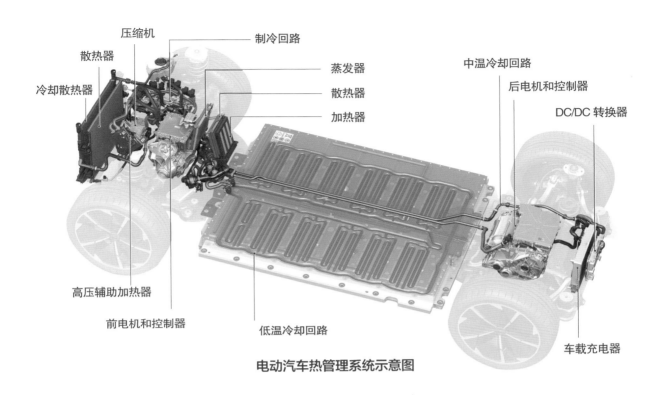

压缩机
制冷回路
散热器
蒸发器
冷却散热器
散热器
加热器
中温冷却回路
后电机和控制器
DC/DC 转换器
高压辅助加热器
前电机和控制器
低温冷却回路
车载充电器

电动汽车热管理系统示意图

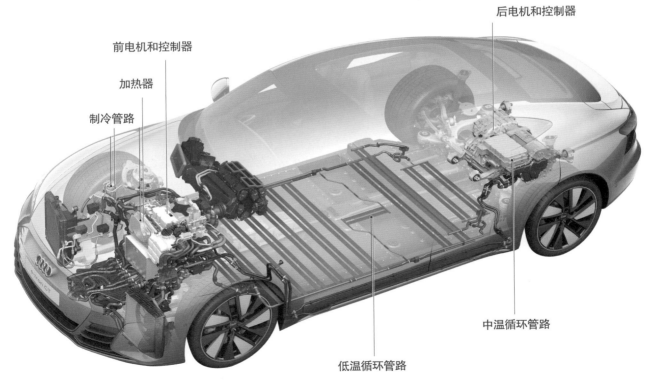

后电机和控制器
前电机和控制器
加热器
制冷管路
中温循环管路
低温循环管路

电动汽车热管理系统示意图

动力电池管理系统：管家式服务

> **！ 敲黑板：**
> 动力电池的"大脑"，像管家一样照料电池

　　一辆电动汽车由成百上千块电芯组成，尽管电池制造工艺已经让各个电芯之间的差异缩小，但是单节锂电池之间仍然存在内阻、容量、电压等差异，使用中容易出现散热不均或过度充放电等现象。时间一长，就很可能导致损坏，甚至有爆炸的危险。因此，必须为动力电池配备一套具有针对性的电池管理系统（Battery Management System,BMS），像管家那样照料电池，保证电池处于正常工作状态。

　　BMS负责对电池进行检测、评估和处理。其中电池检测主要是通过各种传感器收集每个单体电池和每个电池模组的参数信息，比如温度、电压、电流等。

　　对电池的检测流程像是对电池进行"体检"，而且是在线地、持续地、不间断地进行。当发现数据异常时，可及时查询对应电池状况，并挑选出有问题的电池，从而保持整组电池运行的可靠性和高效性。当"体检"结束后，会进入分析、诊断、计算的阶段，之后生成"体检报告"，这个过程称为电池的状态评估。BMS根据状态评估情况，会采取异常处理措施，如预警、隔离、断电等措施。

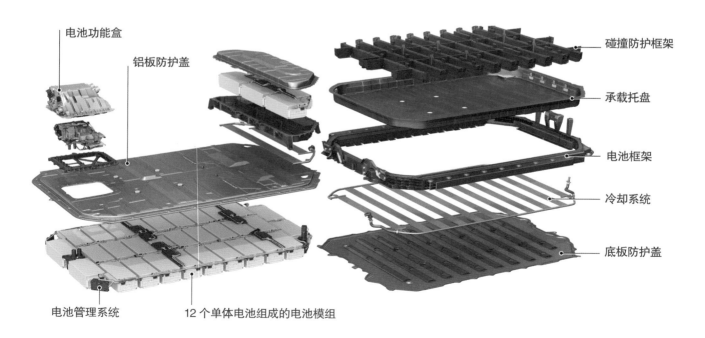

电池功能盒
铝板防护盖
碰撞防护框架
承载托盘
电池框架
冷却系统
底板防护盖
电池管理系统
12个单体电池组成的电池模组

动力电池构造图

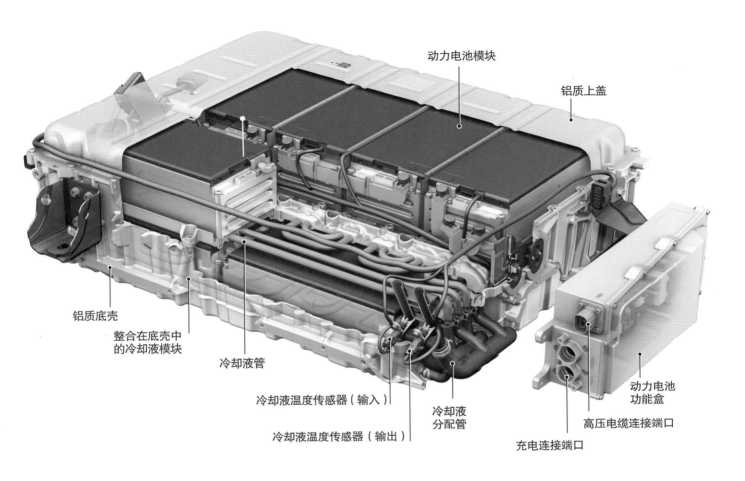

动力电池模块

铝质上盖

铝质底壳

整合在底壳中
的冷却液模块

冷却液管

冷却液温度传感器（输入）

冷却液温度传感器（输出）

冷却液
分配管

充电连接端口

高压电缆连接端口

动力电池
功能盒

动力电池管理系统构造图

你知道吗？

BMS 怎样保护人身安全？

电池高压可达 300 ~ 500V，远超人体安全电压 36V，风险隐患极大。当电池过充、过放时，会造成局部过热，不仅会威胁到电池组的安全，严重时还会给人带来危险。当 BMS 检测到电池的实际参数超出安全区间时，就会通过继电器开关、高压互锁、绝缘防护等高压控制手段，保护车上驾乘人员和维护人员的安全。

动力电池安全设计：防火防盗防撞击

> **！** 敲黑板：
> 动力电池是电动汽车的核心部件，也是最危险的部件

在以液态电池为主的今天，动力电池的安全问题是电动汽车的最大短板之一，也是很多人不敢购买使用电动汽车的主要原因。动力电池的安全防护主要包括机械安全、热安全、功能安全、材料安全、电气安全和故障处理等。

机械安全设计

动力电池在设计时应考虑挤压、跌落、振动、冲击、翻转、碰撞等工况下防护结构对产品的防护，保证电池在滥用或发生交通事故时，电池遭受外部的异常撞击，如两车碰撞、车辆底部受硬物撞击等，电池发生一定的变形、刺穿、高处跌落等，电池不应出现爆炸、起火等安全事故。

电池的机械可靠性设计要满足整车设计寿命，应充分考虑运输、搬运和安装的耐久和可靠性。

电池单体在使用过程中厚度会发生膨胀，电池模组设计应根据电池单体性能，合理预留膨胀的空间，合理设计汇流排结构。

热安全设计

电池包在热失控发生前，应采取紧急应对措施（如报警、限制功率、切断高压回路等），同时提醒乘员采取避险措施；热失控发生后，可以在一定时间内确保电池包不发生导致人身伤害的事件（如起火、爆炸等）。

当BMS确认发生电池热失控时，应把热失控信号传递给整车，整车应通过指示装置（仪表或其他装置）提供一个明显的热失控报警信号以及警示声，提醒驾驶员和乘客疏散。同时，BMS请求下高压，整车根据当时工况进入紧急下电流程。

热安全设计应考虑隔热防火措施，延长电池模块中一只电池单体发生热失控时，引燃周围电池单体的时间。电池系统内分区域对电池模组进行隔离，以减小热失控传递的速度，为乘员争取更长的逃生时间。

故障处理设计

故障处理设计应能及时有效地判断电池单体或系统的故障，包括但不限于电池过压、欠压、过温、过流、绝缘能力降低等，并能以可靠的通信方式通知整车，采取相应的措施。

当发生故障时，如非绝对必要，电池系统应先通知驾驶员采取必要措施后，如通知驾驶员减速靠边等，再进行断电保护处理。

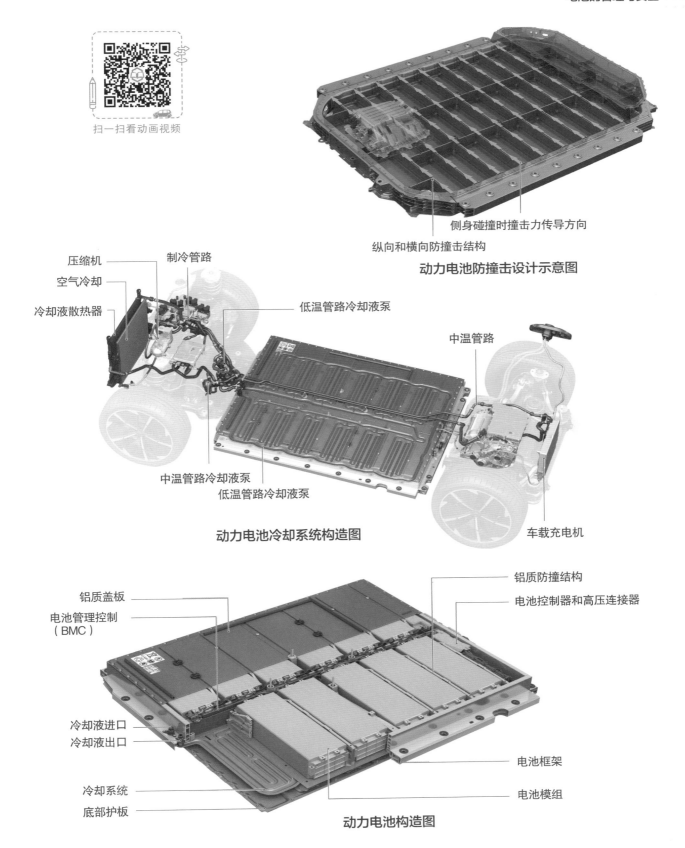

扫一扫看动画视频

侧身碰撞时撞击力传导方向

纵向和横向防撞击结构

动力电池防撞击设计示意图

压缩机

制冷管路

空气冷却

冷却液散热器

低温管路冷却液泵

中温管路

中温管路冷却液泵

低温管路冷却液泵

车载充电机

动力电池冷却系统构造图

铝质防撞结构

铝质盖板

电池控制器和高压连接器

电池管理控制（BMC）

冷却液进口

冷却液出口

电池框架

冷却系统

电池模组

底部护板

动力电池构造图

第3章

电动汽车的"心脏"：电机

第1节　电机发明的故事

电机的发明： 1831 年 / 法拉第

扫一扫看动画视频

! 敲黑板：

法拉第发明了电动机和发电机

　　不论你开的是燃油汽车、混合动力汽车，还是纯电动汽车，车上都少不了电动机和发电机。比如，发动机启动器、电动助力转向、电动车窗、电动天窗、电动座椅、电动后视镜、空调等，都是由电动机驱动的；而发动机点火系统、音响、空调、照明、车载电脑等所需要的电能，都是来自发电机。巧的是，电动机和发电机，都是由英国人迈克尔·法拉第（Michael Faraday，1791—1867）发明的。

　　1821年，法拉第了解到丹麦物理学家奥斯特（Hans Christian Oersted,1777—1851）在1820年的一次偶然科学发现：当导线中通过电流时，它附近罗盘的磁针就会发生偏转。这个现象很神奇，物体间没有接触却能运动。当时人们还不知道电流竟能产生感应磁场。

　　就在人们还沉醉在这种神奇现象之时，法拉第的思路却往前奔去。他就想，既然电流能让磁针偏转，那么如果把磁针固定，导线是否就可能运动呢？经过反复试验，他终于设计了一种简单的装置证明了他的设想。他把导线接上电池，再将导线放入一个装有磁铁的水银容器中，导线马上就神奇般地绕着磁铁旋转起来了。这个实验装置是世界上第一台利用电流使物体运动的装置，是现今所有电动机的鼻祖，因此可以说，是法拉第发明了电动机。

　　10年后，也就是1831年，法拉第重返电磁方面的研究。他认为，既然电能产生磁，那么磁也应能产生电。他一开始试图用静止的磁力对导线作用产生电流，结果怎么做也不行。后来他偶然发现，当一个线圈中的电流刚接通或断开时，附近另一个线圈就能感应出微小的电流。他眼前一亮，大胆设想，如果两个线圈发生相对运动，也就是让磁场发生变化，是否就能感应出电流？

　　1831年10月28日，法拉第通过滑动触点将两根电线连接到一个铜盘上，形成一个闭合的导体，并让铜盘在一个马蹄形磁铁的两极之间转动，结果就获得了连续的直流电。这个实验装置相当于一台圆盘发电机。虽然结构简单，但它却是人类创造出的第一台发电机。

法拉第通过这个实验揭示了磁感应电的现象，即电磁感应定律：闭合电路的一部分导体在磁场里做切割磁感应线的运动时，导体中就会产生电流，所产生的电流称为感应电流。电磁感应定律也称法拉第电磁感应定律。现今的发电机，都是根据电磁感应定律设计的。

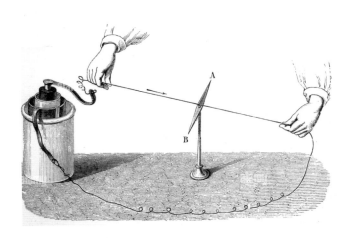

1820年丹麦物理学家奥斯特发现电流的磁效应

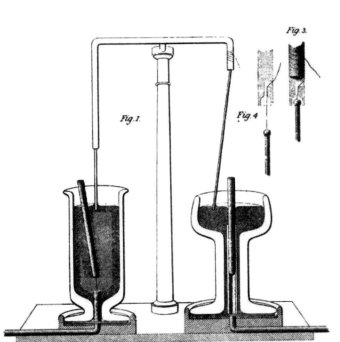

迈克尔·法拉第（1791—1867）

迈克尔·法拉第不仅发明了电动机（如上图），
而且他还发明了发电机（如右图）

电机类型有很多：命名有规律

！敲黑板：
交流异步电机、永磁同步电机最常用

电机的分类方式非常多，可以从电源类型（直流、交流）、工作原理（单相、三相）、运行方式（异步、同步）、转子结构（笼型、绕线式）等多维度划分。还有以绕线形状命名的，如扁线电机等。当前电动汽车最常用的电机主要有两种：交流异步电机、永磁同步电机。它们都是三相交流电机。

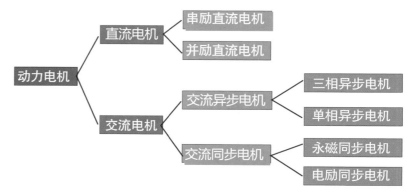

你知道吗？

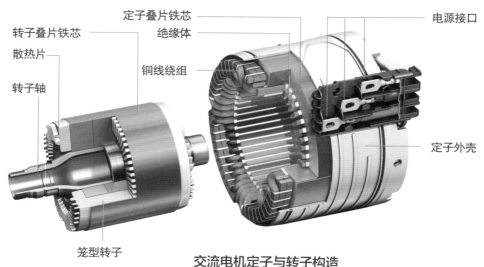

交流电机定子与转子构造

电动汽车的电池储存的是直流电，为什么要用交流电机驱动？

三相交流电在交流电机定子绕组中可以产生旋转磁场，这个磁场不仅相对直流电机更稳定，而且具有固定旋转方向，只需要控制定子电流的相位和频率，就可控制电机的扭矩和转速。而直流电机需要额外增加电流换向器或者电子功率控制器件，其换向器和电刷容易产生火花，还需要定期维护，运行成本高。另外，只要使用 AC/DC 转换器，就可将电池的交流电转换为直流电储存于电池中，或使用 DC/AC 转换器将电池的直流电转换为交流电，非常利于电机再生制动能量回收，因此电动汽车一般都使用交流电机作为驱动电机。

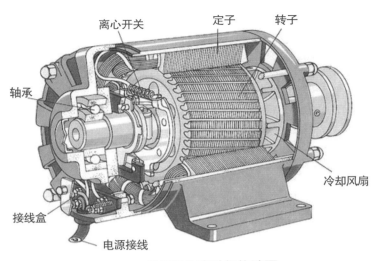

离心开关　定子　转子

轴承

接线盒

电源接线

冷却风扇

单相异步电动机构造图

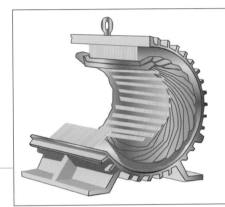

电动机定子绕组

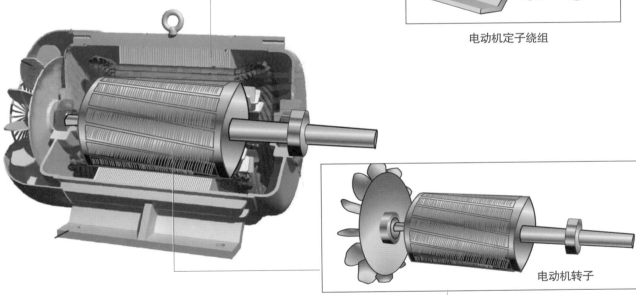

电动机转子

笼型是最常见的感应电机类型，因为它们具有自启动、可靠和经济的特点。在这种设计中，转子看起来类似于仓鼠笼或松鼠笼，因此得名。

笼型转子

绕线转子

交流电动机构造图

直流电机：电机中的老前辈

！ 敲黑板：
直流电机换向器和电刷需要定期维护，运用场合有限，可靠性差

　　一般电机都是由固定不动的定子、可以转动的转子两大部分组成，是由定子磁场、转子磁场相互作用而推动转子旋转的。

　　直流电动机的定子磁场是固定磁场，这个磁场可由永久磁铁产生（如下左图），也可由缠绕在定子铁芯上的励磁绕组通上直流电后产生（如下右图）。后者占绝大多数。

　　直流电机的转子绕组接通直流电源后产生一个转子磁场。定子磁场与转子磁场相互作用，根据同性相斥、异性相吸的原理，转子绕组的一侧会受到排斥，另一侧则受到吸引，这样转子就会在两个磁场的相互作用下开始转动。

　　但是，由于定子的电磁场是固定不变的，转子绕组只转半圈就会停止不动。如果此时采用换向器，改变转子绕组中的电流方向，也就等同于改变了转子电磁场的方向，从而在同性相斥、异性相吸的电磁原理作用下，转子绕组又会继续转半圈。然后，转子绕组电流再改变方向，转子又会转半圈。就这样周而复始，转子绕组中的电流方向总在改变，那么转子就会不停地旋转起来。

　　直流电动机效率低，其换向器和电刷需要定期维护，运行成本高，运用场合有限，可靠性差，因此应用较少。

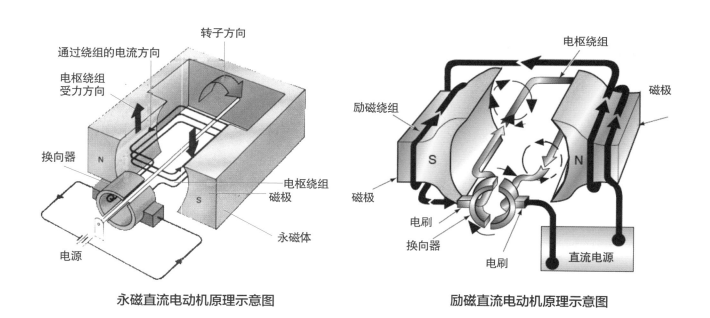

永磁直流电动机原理示意图　　　　　　励磁直流电动机原理示意图

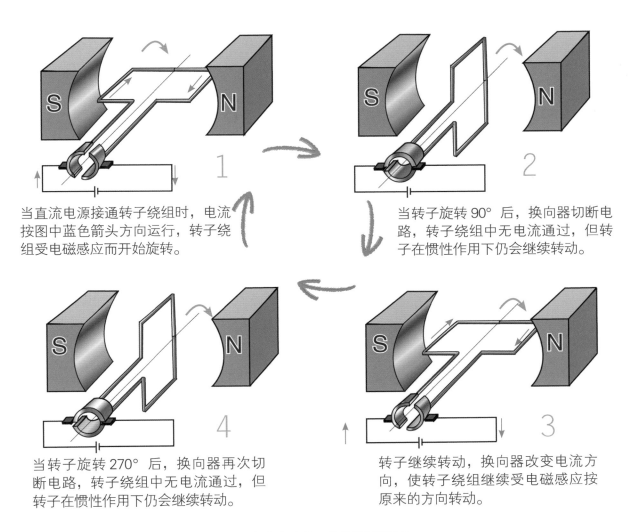

当直流电源接通转子绕组时，电流按图中蓝色箭头方向运行，转子绕组受电磁感应而开始旋转。

当转子旋转 90° 后，换向器切断电路，转子绕组中无电流通过，但转子在惯性作用下仍会继续转动。

当转子旋转 270° 后，换向器再次切断电路，转子绕组中无电流通过，但转子在惯性作用下仍会继续转动。

转子继续转动，换向器改变电流方向，使转子绕组继续受电磁感应按原来的方向转动。

直流电动机工作原理示意图

你知道吗？

有不用电刷的直流电动机吗？

　　有刷直流电动机由于电刷的换向，使得电枢绕组通电后产生一个不断变化磁极方向的旋转磁场，从而使电动机运转。但电刷使电动机有很多弊端，尤其是不太安全，因此研究人员就利用转子位置传感器检测出转子的位置，通过与电枢绕组连接的各功率开关管的导通与关断，控制电枢绕组的电流方向不断改变，从而在主磁场的作用下拖动转子旋转。随着转子的转动，位置传感器不断地送出信号，以改变电枢绕组的通电方向，起到电刷与换向器的作用，从而使无刷直流电动机顺利地运转起来。

交流电机的发明：1888 年 / 特斯拉

! 敲黑板：

尼古拉·特斯拉散步时突然获得灵感

现在电动汽车上最常用的交流电机是尼古拉·特斯拉（Nikola Tesla, 1856—1943）在 1888 年发明的，而在此之前的电动机都是直流电机，运转时需要用电刷整流，因此会出现火花，安全性较差。

1881 年，尼古拉·特斯拉在匈牙利布达佩斯电报局工作时，利用业余时间研究解决直流电机电刷冒火花的问题。1882 年，特斯拉去了法国巴黎，在爱迪生旗下的法国公司做一名工程师，设计和改进电器。据他后来回忆，1882 年的一天，在与朋友郊外散步时，特斯拉灵机一动，头脑中构思出一种全新的电机模型：它完全不用电刷和整流子，而是使用交流电，无需整流，这样就不会产生火花。特斯拉当时既无财力又无名望，无法把交流电机造出来。

1884 年，特斯拉移居到美国，投奔到爱迪生电气公司。后来与人合伙在 1887 年 4 月成立了特斯拉电力公司，从此专心致力于开发交流电系统。1888 年 5 月，特斯拉获得交流电机和交流电传输系统的发明专利，并在美国电气工程师协会展示了他设计的交流电机。

1888 年 7 月，特斯拉公司与西屋公司就特斯拉发明的交流电系统达成了一项技术许可协议。就这样，在西屋公司的推广下，特斯拉的交流电系统迅速将电力传向更远更广的地区，照亮了美国城市和乡村。特斯拉一时间成了美国人人皆知的科技精英。

1896 年，特斯拉参与建造了美国的尼亚加拉水电站。尼亚加拉瀑布强大的水流推动巨大的交流发电机。从此，交流电系统开始走进千家万户、工矿企业，成为驱动社会快速进步的主动力，一直到今天都是如此。如果没有交流电系统，现代社会将瞬间瘫痪；如果没有交流电动机，电动汽车将无法奔跑。

尼古拉·特斯拉（1856—1943），在 1931 年 6 月成为《时代》周刊封面人物

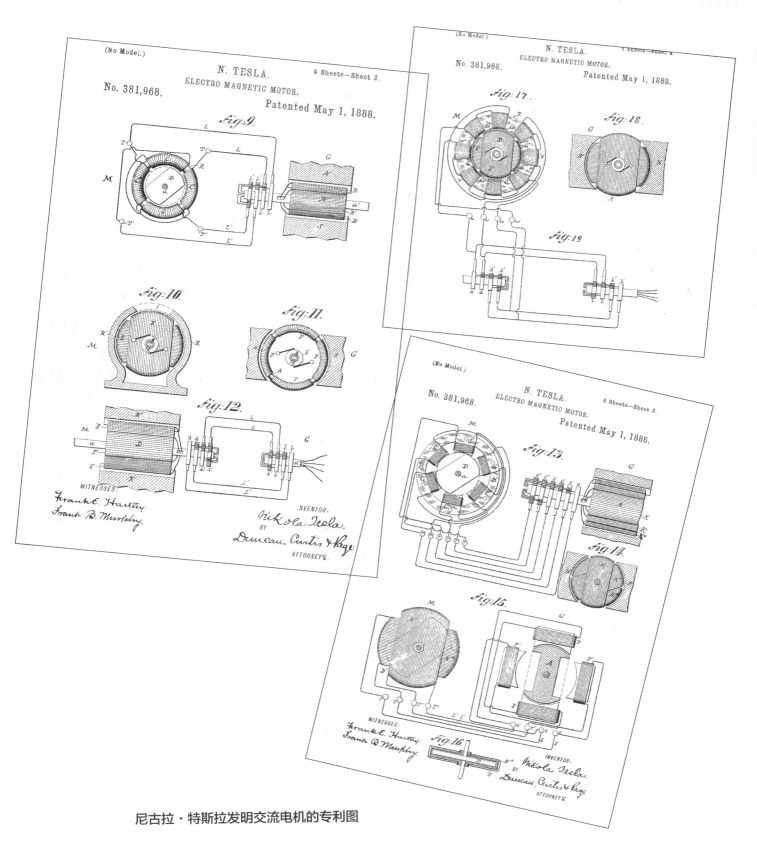

尼古拉·特斯拉发明交流电机的专利图

第2节　交流电机构造与原理

交流电机构造：定子＋转子

扫一扫看动画视频

！ 敲黑板：
转子在定子怀抱中旋转

　　交流电动机主要有两大部件：定子和转子。定子是最外面的圆筒，圆筒内侧缠绕着很多绕组，这些绕组与外部交流电源接通，整个圆筒则与机座连接在一起，固定不动，因此称为"定子"。

　　在定子内部，要么是缠绕着很多绕组的圆柱体，要么是笼型结构的圆柱体，它们与动力输出轴连接在一起并同速旋转，因此称为"转子"。

　　转子与定子之间没有任何连接和接触，它们之间存在气隙，一般为0.2～2mm。当定子上的绕组接通交流电源时，在电磁感应定律和楞次定律的作用下，转子就会立刻旋转并输出动力。

　　转子主要有笼型和绕线型两种。顾名思义，如果转子采用笼型，由金属条组成一个封闭的导电环路，像仓鼠笼的形状，因此称其为笼型异步电动机；如果转子采用绕线转子，也就是由绕组绕成封闭的导电环路，就称其为绕线转子异步电动机。笼型异步电动机在电动汽车上更为常用。

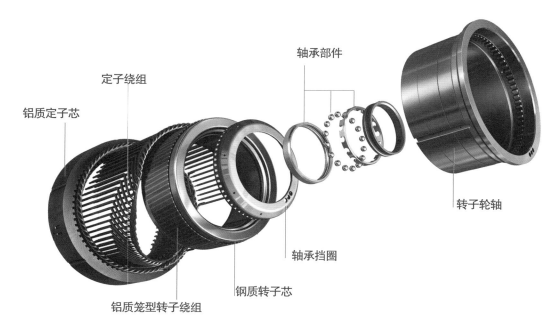

轴承部件

定子绕组

铝质定子芯

转子轮轴

轴承挡圈

钢质转子芯

铝质笼型转子绕组

交流异步电动机构造图

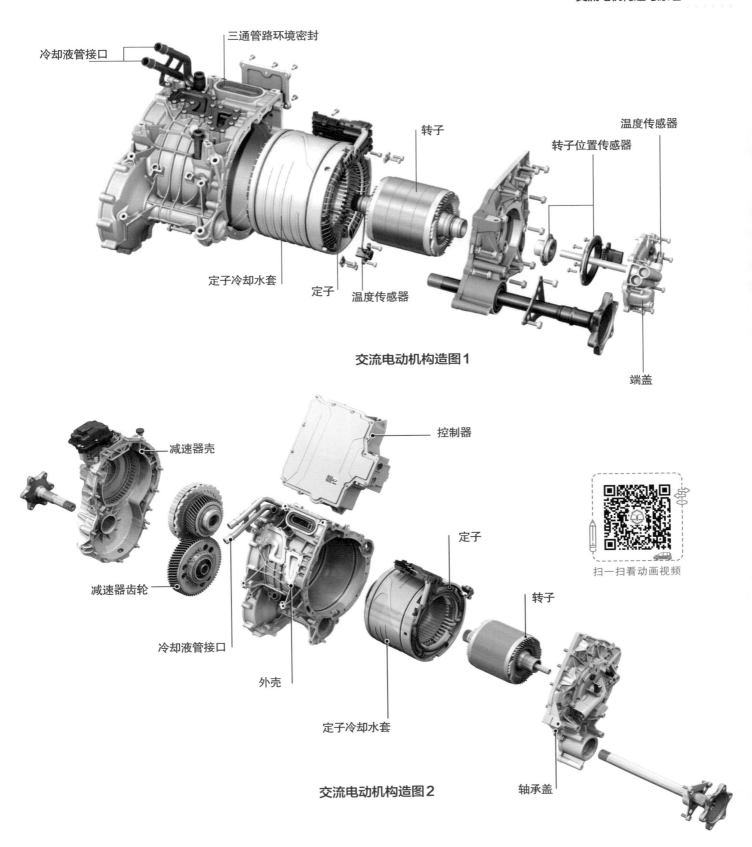

冷却液管接口

三通管路环境密封

转子

温度传感器

转子位置传感器

定子冷却水套

定子

温度传感器

端盖

交流电动机构造图1

减速器壳

控制器

减速器齿轮

定子

冷却液管接口

转子

外壳

定子冷却水套

轴承盖

扫一扫看动画视频

交流电动机构造图2

异步电机原理：总是追不上

扫一扫看动画视频

！ 敲黑板：

电磁感应定律 + 楞次定律

电机中的定子和转子并不接触，为什么给定子绕组通上交流电后，转子就会旋转呢？其工作原理应用到两大电磁定律：电磁感应定律和楞次定律。

当定子上缠绕的绕组通上交流电后，由于电流的磁效应和交流电的特性，定子绕组就会产生一个旋转的电磁场。转子上的绕组是一个闭环导体，它处在定子的旋转磁场中就相当于在不停地切割定子旋转磁场的磁感应线，那么，根据电磁感应定律：

闭合导体的一部分在磁场中做切割磁感应线的运动时，导体中就会产生电流。

感应电流产生后，再根据楞次定律：

感应电流的效果总是反抗引起感应电流的原因。

这就是说，感应电流产生后的效果是，它将尽力使转子导体不再切割定子旋转磁场的磁感应线，也就是让转子导体尽力"追赶"定子旋转电磁场，使两者不再产生相对运动。

就这样，在楞次定律的作用下，为了反抗引起感应电流的原因，转子追着定子旋转磁场跑，而交流电机的定子磁场一直在旋转，转子就一直追逐，一直转动下去。

由于转子总是在"追赶"定子旋转磁场，但又必须能够切割磁感应线而产生感应电流，否则就没有什么"反抗"和"追赶"，因此转子的转速总要比定子旋转磁场的转速慢一点点（2%~6%）。也就是说，它们是异步运行，所以才将这种产生感应电流的电动机称为交流异步感应电动机，简称异步电动机。

异步电动机是电动汽车上应用最为广泛的电动机。它结构简单，重量较轻，体积较小，运行可靠，经久耐用，制造成本较低，维修简单方便。它的转速可达到12000 ~ 15000r/min。其缺点是控制系统比较复杂，控制系统的造价要远高于电动机本身。

你知道吗？

磁铁的磁性是如何产生的？永磁体都有哪些？

磁铁的磁性产生的原理目前还没有统一的定论，但是普遍认为，磁性物体的磁性是由物质内的电子绕原子核转动、电子的自旋、原子核的振动而产生的环形电流产生的。因此，所有的物体都有导磁性能，或者都能被磁化，只是磁化能力强弱不同而已。

目前常见的永磁体有铁氧体、钐钴磁体、钕铁硼等，它们都是稀土永磁。电动汽车的电机转子上最常用的永磁体是钕铁硼，它磁性能高，充磁方便，但成本较高。

异步电动机工作原理流程图

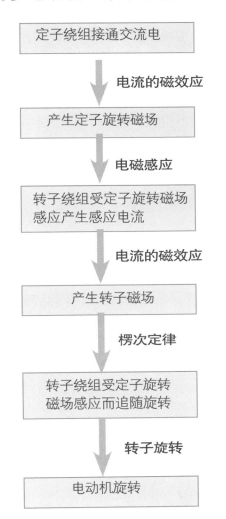

定子绕组接通交流电

↓ 电流的磁效应

产生定子旋转磁场

↓ 电磁感应

转子绕组受定子旋转磁场感应产生感应电流

↓ 电流的磁效应

产生转子磁场

↓ 楞次定律

转子绕组受定子旋转磁场感应而追随旋转

↓ 转子旋转

电动机旋转

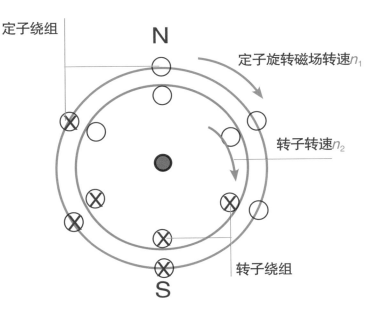

交流异步电动机：$n_1 > n_2$
交流同步电动机：$n_1 = n_2$

异步电动机工作原理示意图

转子总是在"追赶"定子旋转磁场，但又必须能够切割磁感应线而产生感应电流，因此转子的转速总要比定子旋转磁场的转速慢一点点。

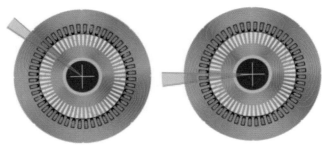

"转子追着定子旋转磁场跑"示意图

永磁同步电机原理：总是齐步走

！ 敲黑板：

同性相斥，异性相吸

前面说过，在异步电动机中，转子磁场的形成要分两步走：第一步是定子旋转磁场先使转子绕组产生感应电流；第二步是感应电流再产生转子磁场。在楞次定律的作用下，转子跟随定子旋转磁场转动，但又"永远追不上"，因此才称其为异步电动机。

如果转子绕组中的电流不是由定子旋转磁场感应的，而是自己产生的，则转子磁场与定子旋转磁场无关，而且其磁极方向是固定的，那么根据同性相斥、异性相吸的原理，定子的旋转磁场就会推拉转子旋转，使转子磁场和转子本身，一起与定子旋转磁场"同步"旋转。这就是同步电动机的工作原理。

根据转子自生磁场产生方式的不同，又可以将同步电动机分为两种：

一种是将转子绕组通上外接直流电（励磁电流），然后由励磁电流产生转子磁场，进而使转子与定子磁场同步旋转。这种由励磁电流产生转子磁场的同步电机称为励磁同步电动机。

另一种是干脆在转子上嵌上永磁体，直接产生磁场，省去了励磁电流或感应电流的环节。这种由永磁体产生转子磁场的同步电动机，就称为永磁同步电动机。永磁同步电动机是电动汽车上应用最广的两种电动机之一。

同步电动机工作原理流程图

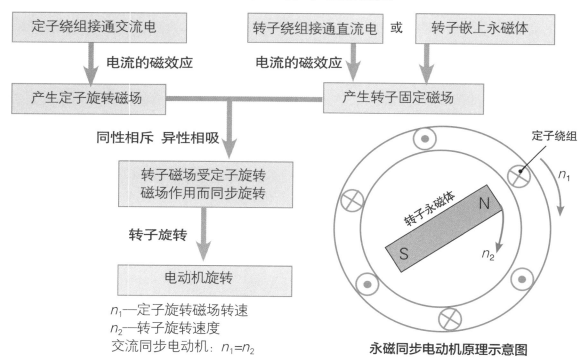

永磁同步电动机原理示意图

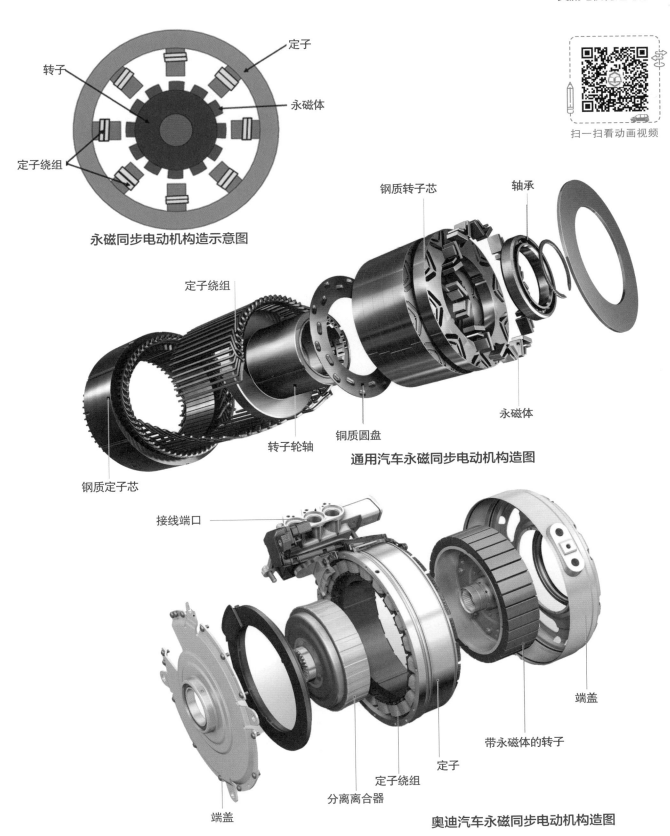

扫一扫看动画视频

定子

转子

永磁体

定子绕组

永磁同步电动机构造示意图

钢质转子芯

轴承

定子绕组

永磁体

转子轮轴

铜质圆盘

钢质定子芯

通用汽车永磁同步电动机构造图

接线端口

端盖

带永磁体的转子

端盖

分离离合器

定子绕组

定子

奥迪汽车永磁同步电动机构造图

整车对电机性能的要求：一直在提高

！敲黑板：
转速、功率、扭矩、热冲击、高电压冲击

随着电动汽车技术的进步，对乘用车电机的性能要求正逐步提高，这主要体现在两方面。

对最高转速、功率和扭矩输出的要求

从电驱动总成发展趋势看，乘用车驱动电机向永磁化、高速化、高压化和集成化方向发展，现有主流产品最高转速在16000r/min左右，未来转速将达到18000r/min或更高，预计2035年将达到25000r/min以上。

乘用车电机输出功率在30 ~ 350kW之间，输出扭矩在100 ~ 500Nm之间，配套合适速比的减速器或者变速器后，电驱动总成输出扭矩（轮端）在2000 ~ 5000Nm之间。电机输出与车轮驱动轴同轴或者平行布置。

对热冲击、高电压冲击要求

电机大部分工况处于高速旋转状态，特别是乘用车驱动电机的工作转速远高于传统燃油车的发动机工作转速，由此带来的机械安全问题尤其需要重视。电机稳态工作温度通常在120℃左右，部分工况下甚至达到或超过160℃，电机控制器的最高工作温度也会达到100℃以上，电驱动总成温度监测、防止永磁同步电机高温退磁、防止高温接触烫伤等方面的要求亟待规范。

你知道吗？

性能更高的扁线电机应运而生

电机从发明那天起都是使用横截面是圆形的电磁线，也就是圆形电磁线绕组，直到今天圆形电磁线仍是主流。然而，圆线绕成线圈后空隙较大，线圈的填充系数只有35% ~ 45%。为了提高电机性能，开始使用横截面是扁形的电磁线，这样扁线电机便应运而生。扁线电机具有更高的效率、更好的散热性、更小的体积和更低的成本，但它的制作工艺也更复杂。

扁线绕组

扁形电磁线

扫一扫看动画视频

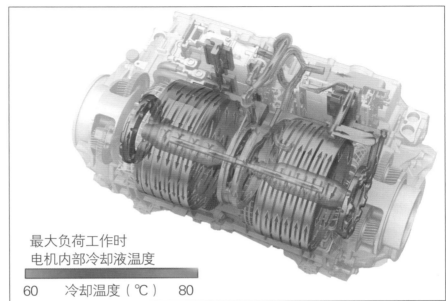

最大负荷工作时
电机内部冷却液温度

60　　冷却温度（℃）　　80

双电机冷却系统示意图

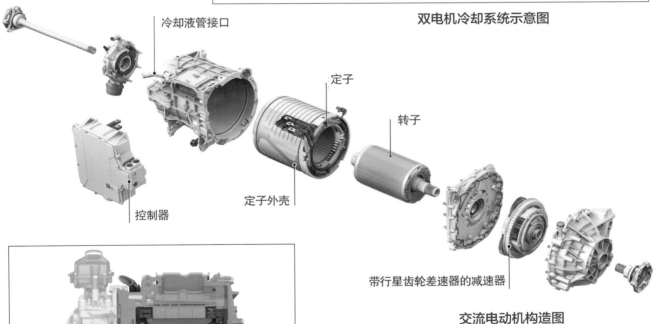

冷却液管接口

定子

转子

控制器

定子外壳

带行星齿轮差速器的减速器

交流电动机构造图

电机运转时内部温度示意图

扫一扫看动画视频

第4章

电动汽车的"大脑"：控制器

第1节　控制器的工作原理

数据总线：汽车的中枢神经

!
敲黑板：
像公交路线一样传输信息

传统汽车上的电子控制单元（Electronic Control Unit，简称ECU）较少，往往只有一个发动机ECU，因此大多采用点对点的简单信息传输方式，几根信号线就可以解决问题。而电动汽车上的ECU非常多，除了整车控制器（VCU）、电机控制器（MCU）、电池管理系统（BMS）三大控制器外，还有制动、转向、巡航、辅助驾驶、空调、照明、多媒体控制器等。每个控制器都需要与众多传感器、执行机构等传递信息，控制器之间也需要交换和共享一些信息，并且对实时性还有不同的要求。为此，一种称为"数据总线"（Data Bus）的信息传输技术便应运而生。

数据总线的基本原理像是公交汽车运行，总线是两条数据线，像是公交运行线路。而每个控制器引出两条线连在总线上，就像是一个公交站点。每个控制器都将信息传递到数据总线上，连接在总线上的每个控制器都能按需要接收信息，从而实现多个控制器共享和交换信息。

数据总线技术也在不断发展，传输速度越来越高，但制造成本也与传输速度成正比。现在电动汽车上一般采用四种数据总线，考虑到成本和传输速度要求，分别应用在不同区域。

LIN 总线：

传输速度10~125k，一般应用于车门锁、电动座椅、电动车窗、灯泡照明等。

CAN 总线：

传输速度125k~1M，一般应用在仪表显示、空调、电机控制、电池控制和故障检测。这也是目前汽车上应用最多的数据总线。

FlexRay 总线：

传输速度1~10M，一般应用于安全系统，如制动、安全气囊等。

MOST 总线：

传输速度10M以上，一般应用于多媒体娱乐、导航和智能网联系统。

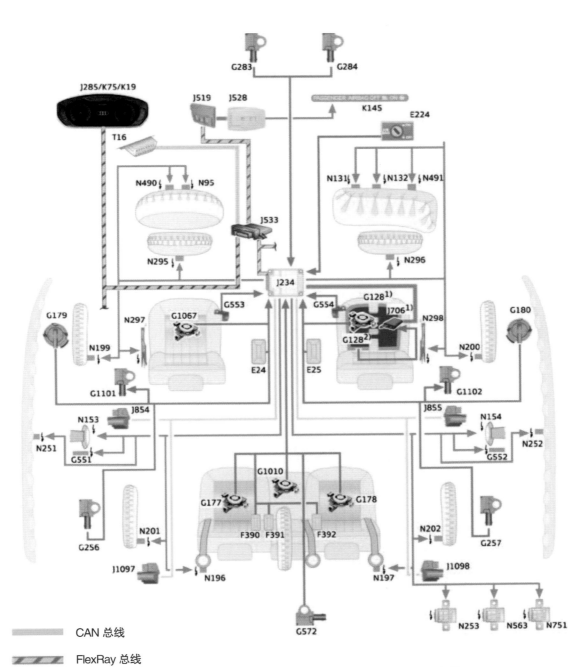

CAN 总线

FlexRay 总线

LIN 总线

子线系统

输入信号

输出信号

电动汽车整车数据总线布置示意图

整车控制器（VCU）: 电动汽车的"大脑"

! 敲黑板:
4 个重要控制节点

整车控制器是电动汽车的控制中心，像大脑一样控制汽车的全局。在电动汽车控制系统中，主要包括4个控制节点，即整车控制器（VCU）、电机控制器（MCU）、电池管理系统（BMS）、控制总线系统（通常为CAN）。

整车控制器接收汽车上传感器的信息，如钥匙信号、挡位信号、制动信号等直接传递来的信号，以及通过控制总线CAN传递来的电池管理系统、电机控制器、充电系统等信号，通过模数转换（A/D）后计算，编码为CAN报文，发送到CAN控制其他节点的工作。同时，将一些相关的整车信息，如车速、电池状态评估、踏板位置、电池状态、门锁信息等，在组合仪表上显示出来。

整车控制器根据传感器的输入值、系统当前状态等条件计算出电机的目标转速和扭矩值，通过CAN发送到电机控制器，指挥电机的工作，使电机工作在需要的转速下。同时根据电机的温度变化控制电机的冷却系统，从而有效调节电机的温度。同理，整车控制器根据传感器的信息，通过电池管理系统来控制电池的工作。

电气控制线路布置示意图

你知道吗?

控制器是怎样工作的?

几乎所有控制系统的工作原理都差不多，都由"监测""运算""执行"三个步骤完成。

（1）监测: 传感器收集被监测对象的参数信息，如温度、电压、电流、车速等。

（2）运算: 电气电子系统（电脑）对收集的信息进行运算、处理、评估后发出指令。

（3）执行: 执行机构根据收到的指令，启动执行动作，完成控制。

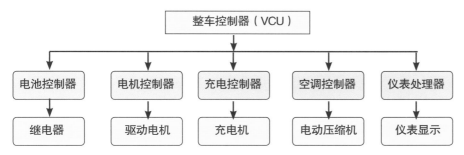

电动汽车整车控制逻辑示意图

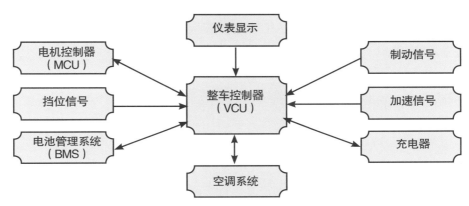

电动汽车整车控制结构示意图

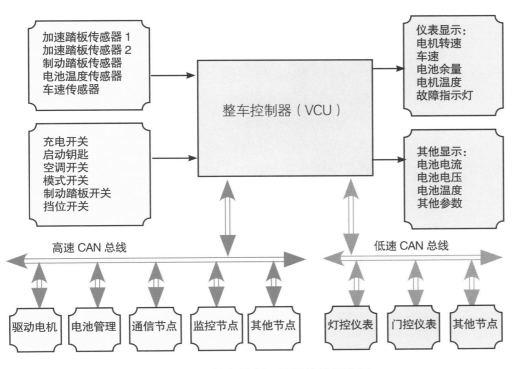

电动汽车整车控制和信号传输示意图

整车控制器工作模式：控制每个步骤

！敲黑板：

从自检、启动、起步，到制动、失效保护，都在掌控中

整车控制器时刻监测和控制着车辆的每个工作状态和工作模式，主要控制如下工作模式：

自检模式： 当启动钥匙门信号处于 ON 挡位时，整车控制器启动自检模式，对车辆本身状态进行检测。如果检测通过，则进入等待启动模式，否则进入故障模式。

启动模式： 当钥匙门信号处于 START 挡位时，整车控制器唤醒整车通信网络上的其他节点开始工作，如电机、逆变器等，并进行高压上电，一切正常后进入 READY 状态，仪表上的 READY 绿色灯亮起，告诉驾驶员可以进入起步模式。

起步模式： 进入起步模式以后，如果车辆处于水平路面，车辆会以较小的速度开始行驶；如果车辆处于斜坡上，车辆至少会维持住原地不动的状态。该模式下不必踩踏加速踏板，电机自动输出一个基础扭矩，防止溜车。

正常驱动模式： 车辆处于正常运行状态，包括加速、减速、倒车。整车控制器持续监测各个电气系统电流、电压、温度等参数，以及车辆自身的车速、滑移率等行车参数；识别驾驶员的意图，按照加速踏板的开度和开度变化率，计算电机的驱动扭矩和电池的输出功率。

空挡模式： 电机与车辆的传动系统之间没有机械连接，电机处于悬空状态，不会向外输出任何扭矩。

制动和能量回收模式： 制动踏板被踩下，启动制动模式。整车控制器分析制动踏板的开度和开度变化率以及车速等行车参数，推算制动力矩，指挥制动控制器做出最合理的制动力矩分配和能量回收方案。

失效保护模式： 电动汽车运行过程中，根据故障等级进行处理。故障等级最低的，一般只是提示驾驶员，比如电池温度达到 50℃；故障等级最高的，会强制车辆在一个比较短的时间内停车，比如检测出了系统绝缘故障；故障等级中等的，不会强制停车，但会对车辆的运行状态进行限制，比如电池电量评估低于 30%，限速行驶。

充电模式： 充电枪与车辆充电插座物理连接确认后，整车控制器协调电池管理系统（BMS）启动充电系统，确认是否可以以最大能力充电，若不可，则发送电池包的最大接受能力。

进入正式充电阶段后，充电机和BMS实时互相发送状态信息，BMS周期性发送需求参数。

在充电过程中，如果出现过温、过流等现象，充电机都会发出报警，根据故障等级的不同，直接终止充电或等待人工处理。

在充电最后恒压阶段，电流衰减到一个设定值或者设定的倍率，即认为电池包已经充满，充电过程可以结束。

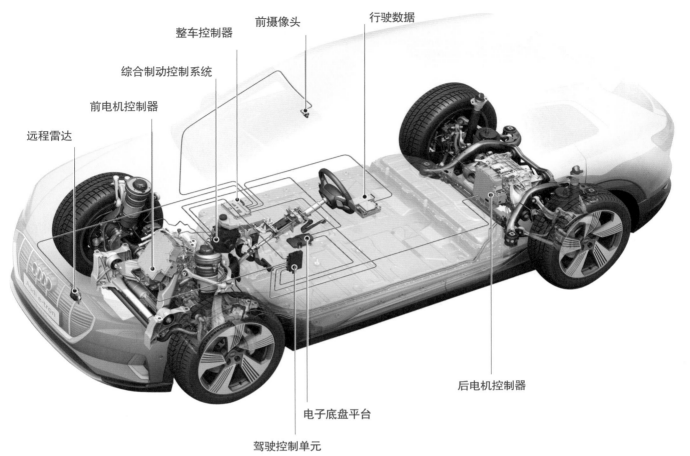

远程雷达

前电机控制器

综合制动控制系统

整车控制器

前摄像头

行驶数据

后电机控制器

电子底盘平台

驾驶控制单元

电动汽车整车控制器示意图

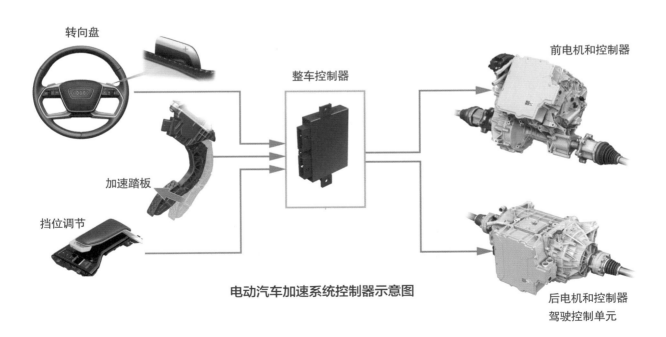

转向盘

加速踏板

挡位调节

整车控制器

前电机和控制器

后电机和控制器
驾驶控制单元

电动汽车加速系统控制器示意图

第2节 电动机的控制与调速

电动机特性：启动就输出最大扭矩

！ 敲黑板：
启动没负担，不需要变速器

别看电动机的体积较小，只有一个西瓜大，但它输出的功率和扭矩并不小，完全可以与燃油发动机相媲美。更重要的是，电动机更适合作为汽车的驱动装置，因为电动机在启动时就能达到最大扭矩，而发动机的最大扭矩至少要在发动机转速达到1200r/min时才可能达到。

为什么电动机一启动就能达到最大扭矩呢？

因为电动机的转子与定子之间没有直接连接和接触，它们之间存在一定的气隙，一般为0.2 ~ 2mm。当定子上的绕组接通交流电源时，在电磁感应定律和楞次定律的作用下，转子立刻旋转并输出动力。由于转子旋转时不会受到任何阻力，因此可以很容易地达到最大扭矩。只有当最大功率出现时，其扭矩输出才开始下降。

而燃油发动机旋转机构有很多"累赘"，例如飞轮、曲轴、连杆和活塞等，不仅有重力，而且还有摩擦力等因素影响旋转机构的运转。发动机的扭矩输出必须随着转速的提高而逐渐提升。

为什么电动汽车不需要变速器呢？

当初发明变速器的目的，就是帮助汽车起步和爬坡。因为燃油发动机的初始扭矩较小，驱动笨重的汽车起步时就比较困难，更无法驱动汽车爬坡。变速器则可以通过齿轮组合在将转速降低的同时，将扭矩放大，从而让汽车拥有更大的驱动力，使汽车顺利起步和爬坡。

而电动机的初始扭矩是最大的，不需要变速器放大即足可以驱动汽车顺利起步和爬坡，因此电动汽车可以不配传统的变速器，只需配个减速机构，将电动机的转速减下来，以适应车轮的转速即可。电动汽车没有变速器，不仅少了一个传动环节，节省了制造成本和维护修理成本，而且动力传递更直接，能量损耗也更小。

扫一扫看动画视频　　　　　扫一扫看动画视频

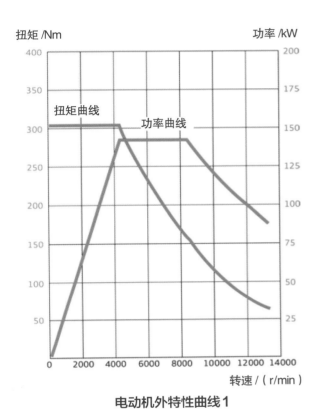

电动机外特性曲线1

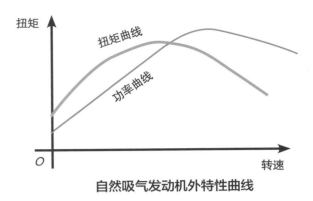

自然吸气发动机外特性曲线

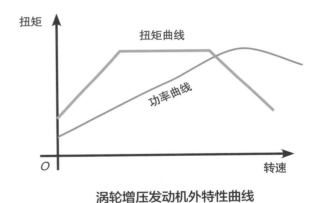

涡轮增压发动机外特性曲线

电动机在启动时就能达到最大扭矩

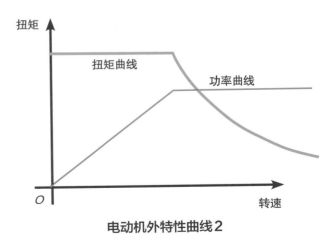

电动机外特性曲线2

电动机转速： 与定子旋转磁场转速有关

！ 敲黑板：

异步电动机转速 = 定子旋转磁场转速 ×（1-s）
同步电动机转速 = 定子旋转磁场转速

异步电动机的转速与谁有关？

为了弄清楚异步电动机的转速与哪些因素有关，这里再将异步电动机的工作原理介绍一遍：

首先，异步电动机的定子绕组接通三相电源后，由于三相电源的相与相之间的电流在相位上相差120°，而且定子中的三个绕组在空间方位上也相差120°，这样，定子绕组就会产生一个旋转磁场。其次，定子绕组产生旋转磁场后，转子导条(笼条或绕组)将切割旋转磁场的磁感应线而产生感应电流，进而产生转子感应磁场。在楞次定律的作用下，转子就会跟着定子旋转磁场同方向转动，并且转子的转速（n_2）低于定子旋转

三相交流电由 A、B、C 三相组成，按每个交流周期360°算，每相间距 120°。黑色为 A 相波形，红色为 B 相波形，蓝色为 C 相波形。当定子绕组中通入三相电流后，三相电流不断地随时间变化，它们共同产生的合成磁场也随着电流的变化而在空间不断地旋转，这就是旋转磁场，如下图所示：

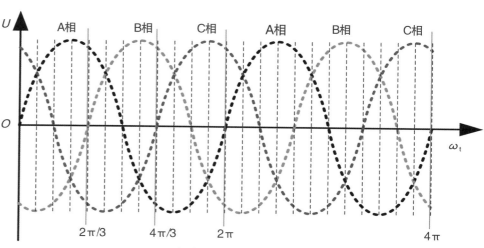

电动机变频调速原理示意图

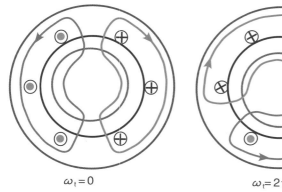

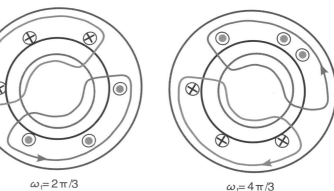

三相交流电动机定子旋转磁场波形图

磁场的转速（n_1）2%~6%，也就是说转子的转速比定子旋转磁场的转速慢一些。如果假设转子与定子旋转磁场的转速差为s，那么：

异步电动机转速＝转子转速＝定子旋转磁场转速 ×（1−s）

因此，只要控制定子旋转磁场的转速，就能同时控制电动机的转速。

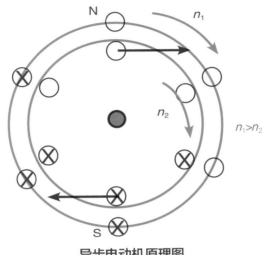

异步电动机原理图

永磁同步电动机的转速与谁有关？

永磁同步电动机的转子磁场与定子旋转磁场无关，它是通过转子自身所嵌的永磁体而自生的磁场，因此转子的旋转不受楞次定律限制，只是依据同性相斥、异性相吸的原理作用，而且转子转速与定子磁场完全一致（也正因此才被称为同步电动机），即转子与定子旋转磁场的转速差$s = 0$，即：

同步电动机转速＝转子转速 n_2＝定子旋转磁场转速 n_1

因此，永磁同步电动机与异步电动机一样，只要控制定子旋转磁场的转速，就能同时控制电动机的转速。

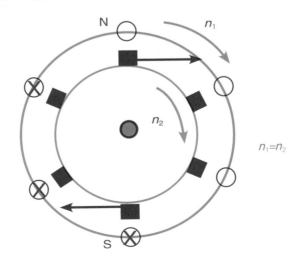

永磁同步电动机原理图

电动机转速调节：调节电源频率

!

敲黑板：

定子旋转磁场的转速：$n=60f/P$

不论是异步电动机，还是永磁同步电动机，只要调节定子旋转磁场的转速，就能控制电动机的转速。定子旋转磁场的转速与电源频率和磁极对数有关，具体计算公式是：

定子旋转磁场的转速： $n = 60f/P$

式中，n 为定子旋转磁场转速，r/min；f 为电源频率，Hz；P 为磁场的磁极对数（磁极数除2）。

再根据上节中公式，就可得出下式：

异步电动机转速： $n = (1-s)60f/P$

永磁同步电动机转速： $n = 60f/P$

式中，s 是定子旋转磁场转速与转子转速之间的转速差（为2%~6%）。

根据此式我们知道，异步电动机和永磁同步电动机的转速调节方法一样，都有两种：

（1）变磁极法（即调节 P）。 改变磁极对数 P，就能改变转速，磁极对数与转速成反比。

（2）变频法（即调节 f）。 改变电源频率 f，就能调节转速，频率与转速成正比。

以往多用改变磁极的方法来调节电动机的转速。但随着半导体技术和电子技术的进步，现在的电动汽车大多是利用变频器来调节电源频率，从而实现对交流电动机转速的控制，而且是无级调速。

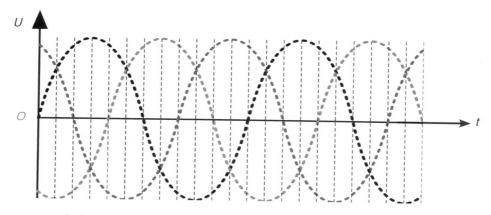

电动机的转速与电源频率成正比，频率越高，电动机的转速也越大

电源波形示意图

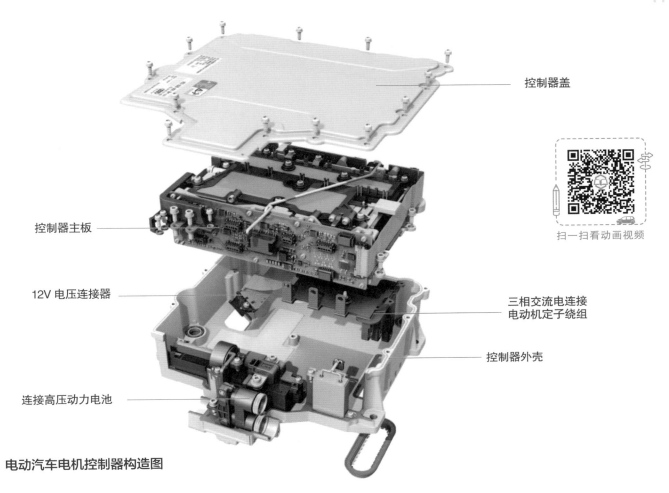

控制器盖

控制器主板

12V 电压连接器

三相交流电连接
电动机定子绕组

控制器外壳

连接高压动力电池

扫一扫看动画视频

电动汽车电机控制器构造图

转向角度传感器

安全系统控制器

综合制动控制系统

前电机控制器

轮速传感器

后电机控制器

车辆水平传感器

驾驶控制单元

电子底盘平台

电动汽车控制器布置

变频器原理：脉冲宽度调制

！敲黑板：

控制 IGBT 的通断动作，调节电机转速和扭矩

电动汽车上的变频器都是采用脉冲宽度调制（Pulse Width Modulation，PWM）方式调节频率。PWM是指通过对逆变电路中功率开关器件（IGBT）的导通和关断动作进行控制，把直流电变成一系列幅值相等而宽度不相等的脉冲，用这些脉冲来代替正弦波作为电机所需要的交流电波形，从而作为交流电源供给电机。

在由直流变交流的过程中，通过控制功率开关器件（IGBT）的导通和关断方式，可以控制所输出脉冲的周期、脉宽时间。

而脉冲周期决定脉冲的频率（两者成反比），即供给电机的交流电的频率。频率越高，电机的转速越大。控制IGBT通断→调节脉冲频率→调节电机转速。

脉宽时间也称占空比，脉宽时间则决定脉冲信号电压，即供给电机的交流电的电压。电压越高，电机输出扭矩越大。控制IGBT通断→调节脉宽时间→调节电机扭矩。

因此，只要对逆变电路中每个IGBT的通断时机和时长进行控制，就可调节交流电的频率和电压，达到调节电机转速和扭矩的目的。

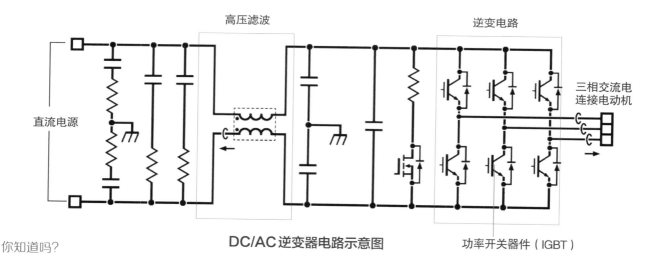

DC/AC逆变器电路示意图

你知道吗？

为什么说 IGBT 是控制器的最核心？

IGBT是"绝缘栅双极型晶体管"的简称，它相当于一个非通即断的半导体开关。它没有放大电压的功能，导通时可以看作导线，断开时当作开路。

DC/AC 逆变技术的基本原理是通过 IGBT 模块的导通和关断作用，把直流电能变换成交流电能。在电动汽车的逆变电路中，每相电路配备两个 IGBT 模块，总共由 6 个 IGBT 模块组成逆变电路。通过控制IGBT 的导通和关断，调节所输出脉冲的周期、脉宽时间，进而调节输入到交流电机的交流电的频率和电压。

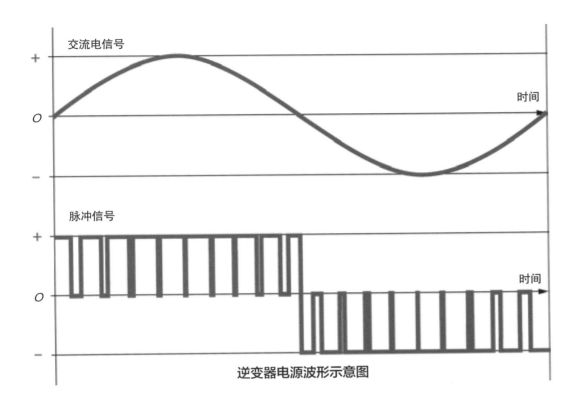

逆变器电源波形示意图

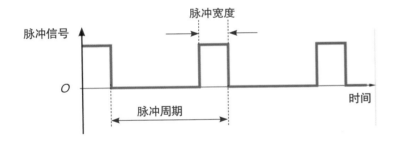

扫一扫看动画视频

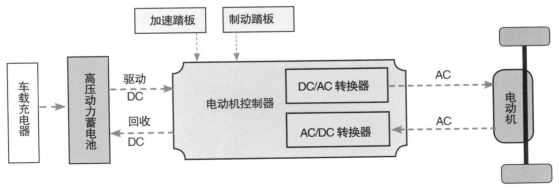

电动机控制器原理示意图

061

转换器的功能：直流与交流转换

敲黑板：

DC/DC、DC/AC、AC/DC

在纯电动汽车上，由于动力电池是高压直流电，而电机都使用交流电，车载辅助电气系统使用低压直流电，因此必须使用转换器（Inverter）将动力电池的高压直流电调整为可以使用的交流电或低压直流电。电动汽车上一般使用三种转换器。

DC/DC 转换器

使用DC/DC降压转换器，将动力电池的高压直流电转换为12V的低压直流电，用于12V低压蓄电池、真空制动泵、音响、仪表显示、照明等。

DC/AC 转换器（逆变器）

纯电动汽车上的动力电池都是直流电，而纯电动汽车上电机使用交流电，因此要将直流电转换为交流电，其转换装置就是DC/AC转换器，又称DC/AC逆变器。DC/AC转换器在进行DC/AC转换的同时，也能调节电源的频率和电压，从而达到调节电机转速和扭矩的目的，因此DC/AC转换器也称变频器。

AC/DC 转换器

当纯电动汽车制动或减速时，车轮带动电机旋转，此时电机作为发电机使用，用来回收能量。但不论是直流电机还是交流电机，当它们作为发电机使用时都是输出交流电。要想将交流电储存于蓄电池中，必须将交流电转换为直流电。完成这个转换工作的就是AC/DC转换器。

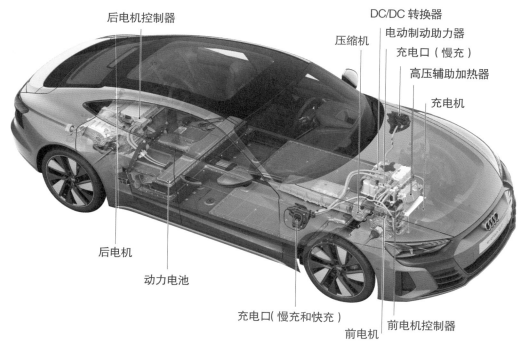

电动汽车电驱动系统1

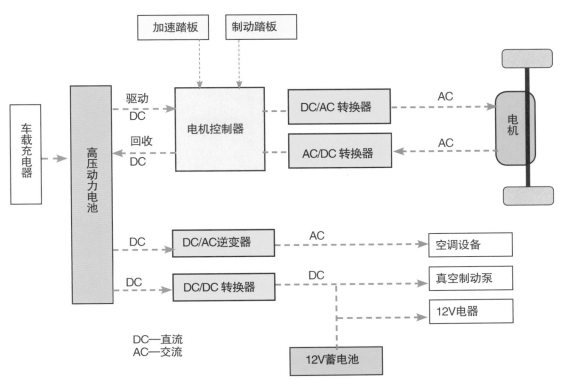

纯电动汽车驱动系统控制线路示意图

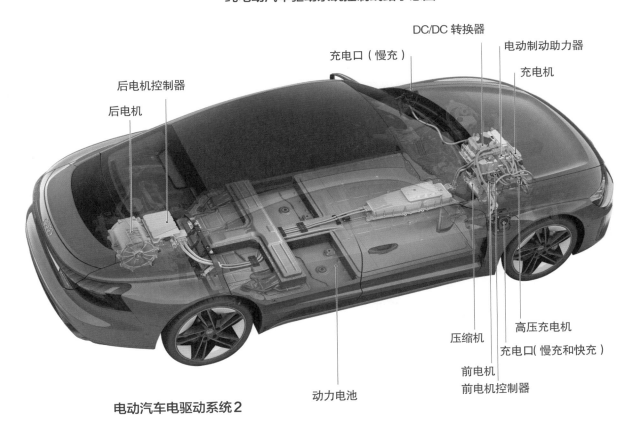

电动汽车电驱动系统2

电动汽车奔跑：不需要变速器

扫一扫看动画视频

！敲黑板：

电动机控制器直接调节车速

　　电动机输出动力后，要通过减速器、差速器、半轴才能传递到车轮上。电动汽车上没有传统的变速器，而是利用电动机控制器进行速度和扭矩调节。

　　当初发明变速器的目的，主要是将发动机扭矩放大，帮助汽车起步和爬坡。因为燃油发动机的初始扭矩较小，驱动笨重的汽车起步时就比较困难，更无法驱动汽车爬坡。变速器则可以通过齿轮组合，在将转速降低的同时，将传递扭矩放大，从而让汽车拥有更大的驱动力，使汽车顺利起步和爬坡。

　　而电动机的初始扭矩是最大的，不需要变速器放大即足以驱动汽车顺利起步和爬坡。因此，电动汽车可以不配变速器，只需配个减速机构，将电动机的转速减下来，以适应车轮的转速。

　　电动汽车没有变速器，不仅少了一个传动环节，节省了制造成本和维护修理成本，而且动力传递更直接，能量损耗也更小。

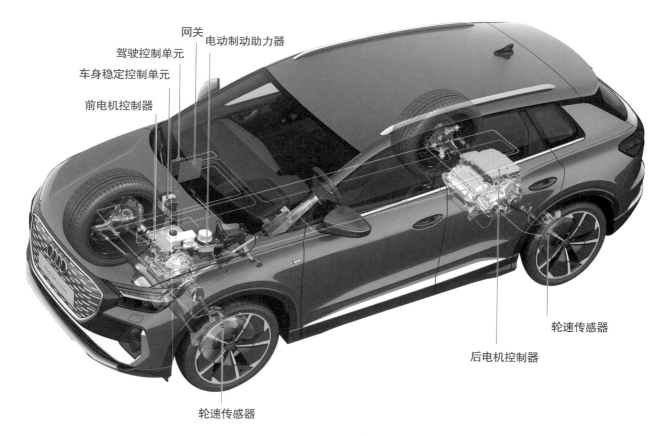

电动汽车电驱动系统控制器示意图

电动汽车电驱动控制原理流程图

通电启动： 当驾驶人转动启动钥匙时，纯电动汽车并没有什么反应和动静，只是附件电器接通电源，但电动机并没有运转

电动机转动： 当驾驶人踩加速踏板时，电动机控制器根据加速踏板位移传感器的信息，发出接通电动机电源的指令，蓄电池通过 DC/AC 逆变器向电动机定子绕组提供三相交流电，使电动机开始旋转

减速器： 电动机启动后就能达到最大扭矩，只要将电动机的高转速降下来即可顺利起步

加速： 当继续向下踩加速踏板希望汽车加速时，电动机控制器根据加速踏板位移传感器的信息，向电动机输出更高的电源频率和电压，从而使电动机转速升高，进而使车速上升

减速： 当抬起加速踏板时，电动机控制器根据加速踏板位移传感器的信息，通过降低电源频率来降低电动机转速使车辆减速 或转为能量回收模式，车辆拖动电动机转动，电动机变身发电机，使汽车减速或停车

制动： 当踩制动踏板时，立即进入能量回收模式，车辆在惯性作用下拖动电动机转动，电动机变身发电机，使汽车减速停车

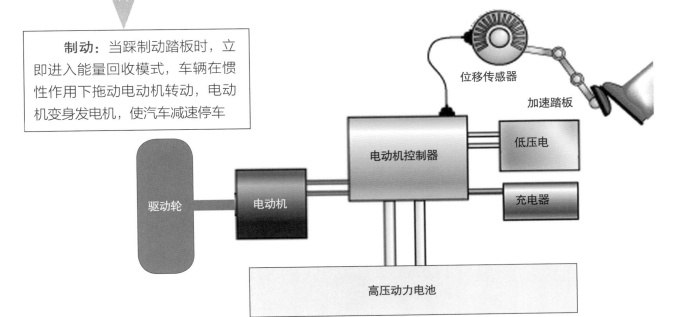

纯电动汽车变速原理示意图

第5章

电动汽车的"腰"：传动系统

第1节 减速器

减速器： 把转速降下来

扫一扫看动画视频

！ 敲黑板：
减速器 = 单速变速器

电动机一开始旋转就能输出最大扭矩，完全可以满足汽车起步时所需要的高扭矩，所以电动汽车不需要变速器来增大扭矩。然而，电动机的转速相对发动机要高得多，必须把电动机的转速降下来再传递到车轮上，只用一个减速机构就可满足电动汽车起步的扭矩要求。

所谓减速器，其实可以看作是只有1个挡位的变速器。比如特斯拉Model S的减速比是9.73，那么它的减速器就相当于是一个齿数比为9.73的单速机械变速器。

两级减速齿轮组合

电动汽车上的减速机构一般采用小齿轮驱动大齿轮的方式实现，而且通常采用两级减速齿轮组合。先由电动机输出轴驱动一个中间齿轮，中间齿轮再驱动差速器的大齿轮，即实现两级减速，将电动机的高转速大幅降下来，与轮速匹配。

行星齿轮减速机构

也有采用行星齿轮作为电动汽车的减速机构的。利用行星齿轮的奇妙特性，实现减速。

所谓行星齿轮，是指能自转和公转的齿轮结构，中间的齿轮就像是太阳，只能自转。其周围的小齿轮则像是行星，可以围绕中间的太阳轮公转。当将太阳轮、行星架或齿圈分别固定不动时，就会变化出不同的传动比来，从而实现减速或加速运动。比如，将太阳轮固定，齿圈为主动轮、行星架为从动轮，实现减速运动。

行星齿轮减速机构虽然制造成本高，但传动效率较高，占用空间小，噪声低。行星齿轮减速器一般是与行星齿轮差速器相配合并实现两级减速。比如，奥迪 e-tron 采用两级行星齿轮减速，总减速比达到 9.2。就是说，它可以把 9200r/min 的电动机转速降到 1000r/min。

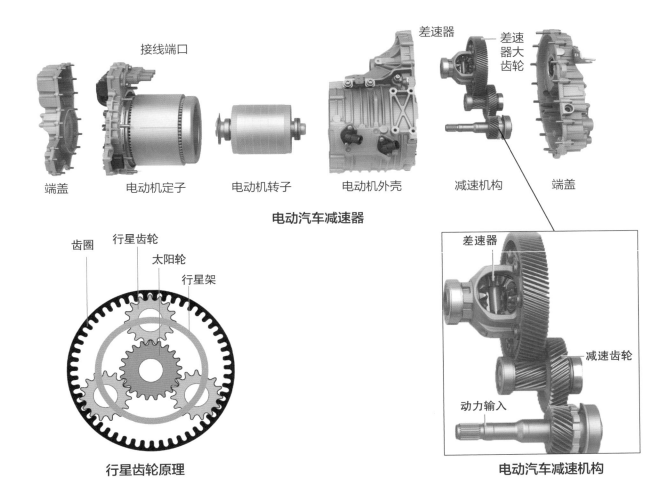

接线端口

差速器

差速器大齿轮

端盖   电动机定子   电动机转子   电动机外壳   减速机构   端盖

电动汽车减速器

齿圈   行星齿轮   太阳轮   行星架

差速器

减速齿轮

动力输入

行星齿轮原理

电动汽车减速机构

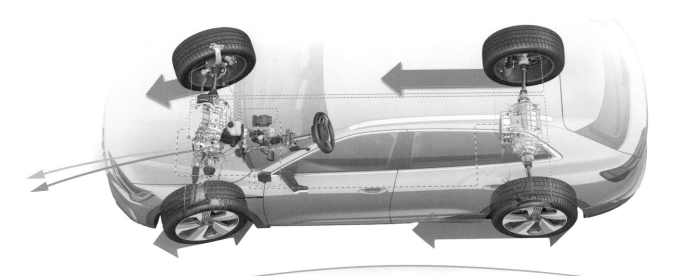

电机转速远高于车轮转速，在动力传递到车轮之前，
必须采用减速器将转速降下来

第2节 差速器

差速器：帮助车辆顺利转弯

！敲黑板：

转弯时四个车轮不等速

　　汽车转弯时，左右两侧的车轮所走过的路线是不一样长的。弯道内侧的车轮转得慢一些，驶过的距离短一些，而外侧车轮要转得相对快一些，驶过的距离要长一些。这对于从动轮来讲没问题，因为左右两侧的车轮本来就没有关联，各转各的，互不影响。然而，对于驱动轮来讲，由于左右两侧的车轮都接受同样的驱动力，所以需要一种装置吸收左右驱动轮之间的转速差，否则就会导致内侧驱动轮边滚动边滑移，从而增加轮胎磨损。这个能吸收左右车轮转速差的装置就称为差速器。

　　电动汽车上的差速器一般都是轮间差速器，即由一台电机驱动一根车轴上的差速器，通过差速器将动力分别传递给左右车轮。即使是四轮驱动的电动汽车，也都是采用一前一后两台电机，分别驱动前轴和后轴，因此电动汽车不需要轴间差速器。电动汽车上的差速器一般有两种：

锥齿轮差速器

　　由电机通过减速机构直接驱动差速器的主动齿轮，也就是大齿轮，并通过左右侧的行星小齿轮带动左右车轮旋转。当车轮转弯时，差速器的中间小齿轮通过自转而吸收转速差，保证车轮顺利过弯。

行星齿轮差速器

　　一些高档电动汽车采用行星齿轮机构作为轮间差速器，并与减速器整合在一起，可以减小运动时的声音。

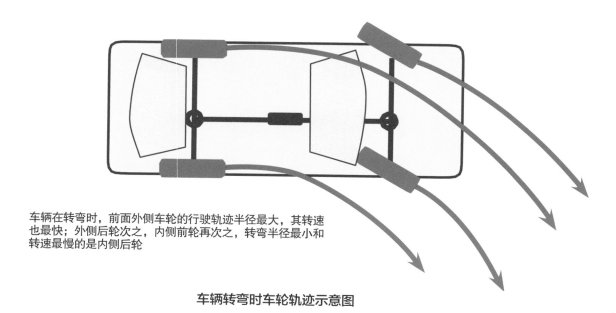

车辆在转弯时，前面外侧车轮的行驶轨迹半径最大，其转速也最快；外侧后轮次之，内侧前轮再次之，转弯半径最小和转速最慢的是内侧后轮

车辆转弯时车轮轨迹示意图

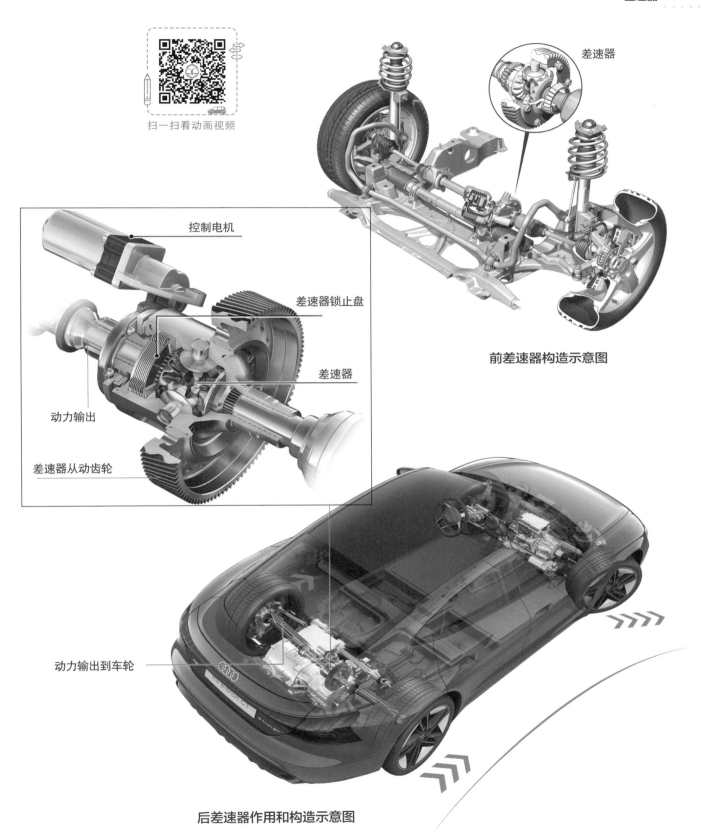

扫一扫看动画视频

差速器

前差速器构造示意图

控制电机

差速器锁止盘

差速器

动力输出

差速器从动齿轮

动力输出到车轮

后差速器作用和构造示意图

锥齿轮差速器：原理很奇妙

！ 敲黑板：
中间轮自转吸收转速差

　　差速器有多种，但轮间差速器最常见的是锥齿轮差速器。它的核心部分由4个锥齿轮组成，左右两个大锥齿轮（又称侧齿轮）分别与左右两侧的半轴和车轮相连，而中间的两个小锥齿轮则像行星一样在左右两个侧齿轮之间运转，因此又称它们是行星轮。

　　其实，差速器的原理十分简单。当汽车直线行驶时，左右两个车轮的转速相同，小齿轮只有公转没有自转，差速器的托架和两个侧齿轮以相同的速度旋转。而当汽车转弯时左右车轮受到的摩擦力不同，行驶路线长短不同，外侧车轮的转速必须快一些，内侧车轮的转速必须慢一些，使两个侧齿轮产生转速差。一个快些，一个慢些，这样就导致中间的小齿轮发生自转，从而吸收两个侧齿轮的转速差，让左右车轮在有转速差的情况下顺利过弯。

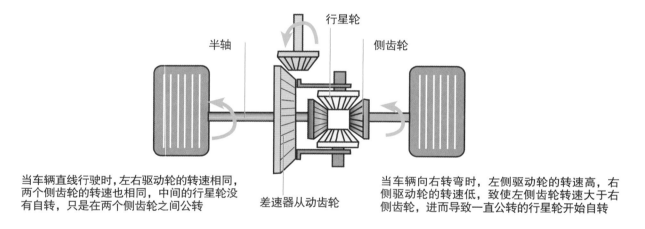

行星轮　　半轴　　侧齿轮

当车辆直线行驶时，左右驱动轮的转速相同，两个侧齿轮的转速也相同，中间的行星轮没有自转，只是在两个侧齿轮之间公转

差速器从动齿轮

当车辆向右转弯时，左侧驱动轮的转速高，右侧驱动轮的转速低，致使左侧齿轮转速大于右侧齿轮，进而导致一直公转的行星轮开始自转

锥齿轮差速器原理示意图

你知道吗？

差速器吸收转速差的基本原理是什么？

　　差速器吸收转速差的最基本原理是"最小能耗原理"，即地球上所有物体都倾向于耗能最小的状态。例如把一粒豆子放进一个碗内，豆子会自动停留在碗底而绝不会停留在碗壁，因为碗底是能量（位能）最低的位置，它自动选择静止（动能最小）而不会不断运动。

　　同样的道理，车辆在转弯时，左右车轮有转速差，那么为了维持"最小能耗"，中间小齿轮只有发生自转，才可能避免左右侧齿轮与中间小齿轮"较劲"而产生摩擦力（能耗）。当中间小齿轮自转时，左右车轮就会很顺畅地转动，从而实现吸收转速差的目的。

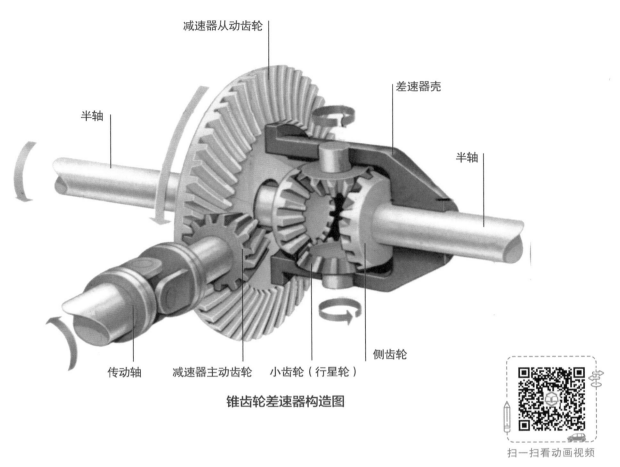

减速器从动齿轮

差速器壳

半轴

半轴

传动轴

减速器主动齿轮

小齿轮（行星轮）

侧齿轮

锥齿轮差速器构造图

扫一扫看动画视频

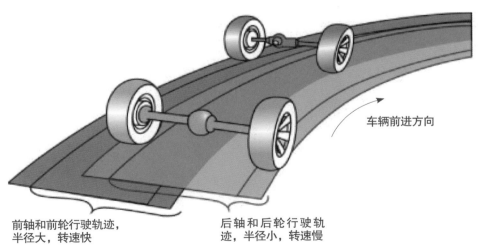

车辆前进方向

前轴和前轮行驶轨迹，
半径大，转速快

后轴和后轮行驶轨
迹，半径小，转速慢

弯道中车轮行驶轨迹示意图

行星齿轮差速器：性能更高超

! 敲黑板：
结构更紧凑，重量更轻，噪声更小

　　高档电动汽车中一般采用性能更高超的行星齿轮差速器，它平均分配输入扭矩(50 ： 50)到两个传动半轴。它的齿轮都是直齿轮，因此传递效率更高。

　　以奥迪e-tron电动汽车上的行星齿轮为例，电机输出扭矩到差速器环齿轮上，环齿轮通过行星架带动6个行星齿轮转动。这6个行星齿轮一宽一窄两两啮合在一起，组成3对行星齿轮组。每个行星齿轮组中宽的行星齿轮与大的太阳轮啮合，窄的行星齿轮与小的太阳轮啮合。大、小两个太阳轮分别与左右半轴相连接。

　　当车辆直线行驶时，行星齿轮不发生自转，通过两个太阳轮将动力平均传递到左右车轮上；当车辆过弯时，行星齿轮发生自转，从而吸收左右车轮的转速差，使车辆顺利过弯。

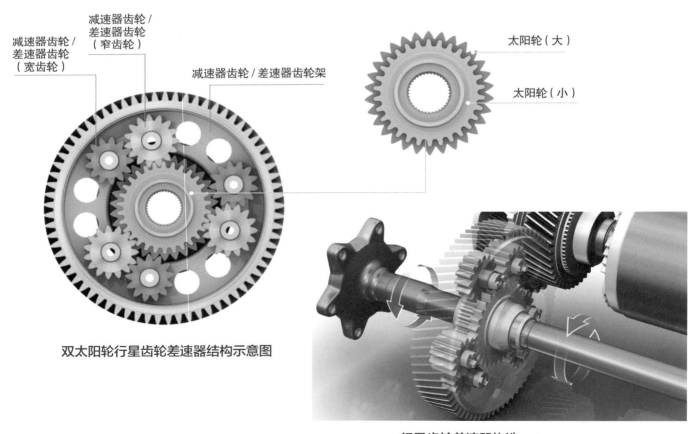

减速器齿轮 /
差速器齿轮
（宽齿轮）

减速器齿轮 /
差速器齿轮
（窄齿轮）

减速器齿轮 / 差速器齿轮架

太阳轮（大）

太阳轮（小）

双太阳轮行星齿轮差速器结构示意图

行星齿轮差速器构造

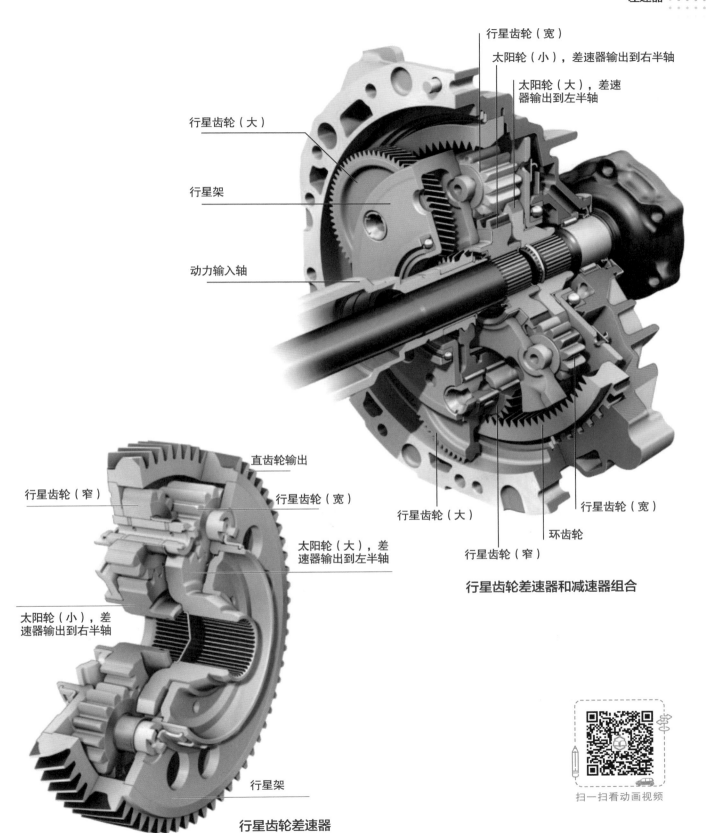

行星齿轮（宽）

太阳轮（小），差速器输出到右半轴

太阳轮（大），差速器输出到左半轴

行星齿轮（大）

行星架

动力输入轴

行星齿轮（大）

行星齿轮（窄）

环齿轮

行星齿轮（宽）

行星齿轮差速器和减速器组合

直齿轮输出

行星齿轮（窄）

行星齿轮（宽）

太阳轮（大），差速器输出到左半轴

太阳轮（小），差速器输出到右半轴

行星架

行星齿轮差速器

扫一扫看动画视频

073

电动四驱：不需要传动轴

! 敲黑板：
  多电机驱动提高越野性

传统燃油汽车要想设计成四轮驱动，必须使用一根传动轴，将发动机动力从前部传向后轴（前置或前中置发动机），或从后部传向前轴（后置或后中置发动机）。由于传递路线复杂并且有一定的距离，因此传递中必然损失一定的动力。而电动四轮驱动的布局方式更加灵活，只要使用两台电机，一前一后各放置一台，就能实现四轮驱动。

电动四驱不仅没有传动轴，而且也不需要中央差速锁，即使前轮/后轮出现打滑，也不会影响到后轮/前轮的运动。

虽然主流电动四驱采用一前一后两电机方式布局，但也有采用两前一后或一前两后三电机方式布局设计的，甚至还可能采用四个轮毂电机分别驱动四个车轮的布局设计。

如果一个车桥上采用两电机分别驱动左右车轮，那么这个车桥上既不需要差速器、半轴，也不需要差速锁，就能实现左右车轮独立运动。

采用多电机布局方式设计电动四驱系统，可以提高脱困能力、越野能力和行驶稳定性，而且能降低能耗。

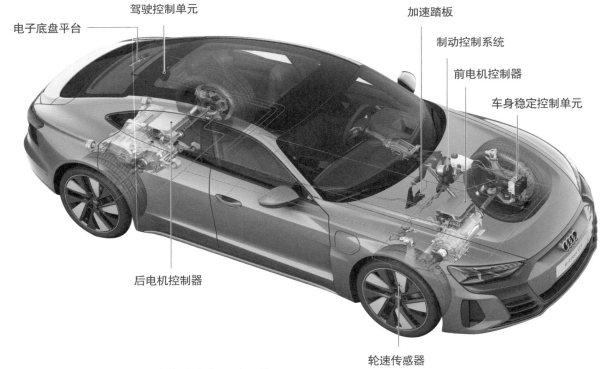

四轮驱动电动汽车驱动系统

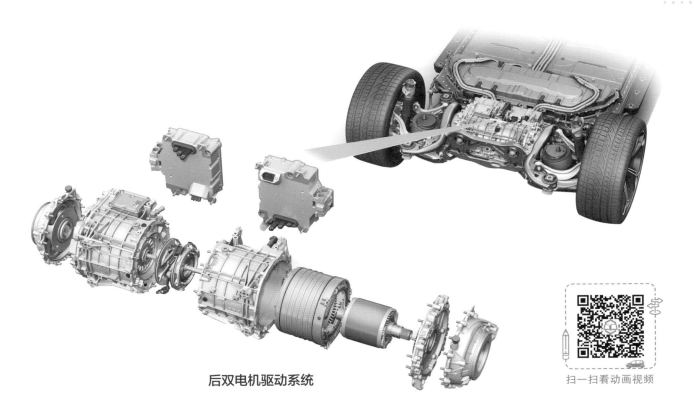

后双电机驱动系统

扫一扫看动画视频

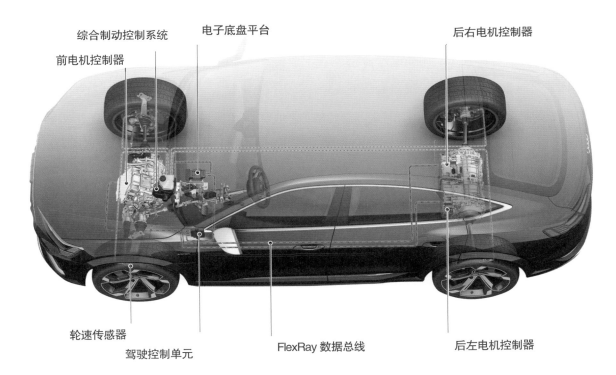

综合制动控制系统

电子底盘平台

后右电机控制器

前电机控制器

轮速传感器

驾驶控制单元

FlexRay 数据总线

后左电机控制器

三电机四轮驱动电动汽车驱动系统

第6章

电动汽车的"腿"：行驶系统

第1节　电控转向系统

转向形式：齿轮齿条式最常用

！敲黑板：

齿齿相传很直接

转向系统主要由转向盘、转向柱、转向器、转向助力机构和转向拉杆组成。其中，转向器主要有两种形式：一是齿轮齿条式转向器；二是循环球式转向器。其中，齿轮齿条式转向是最常见的转向器形式，轿车上基本都采用这种转向形式。而循环球式转向，主要应用在越野汽车、载货汽车上。

齿轮齿条式转向器

转向柱末端是个齿轮，这个齿轮与一个齿条相啮合，而齿条则通过转向拉杆与前轮相连。当转动转向盘时，转向齿轮便会带动转向齿条左右运动，进而由转向拉杆推拉前轮进行左右摆动，这样就可以控制汽车向左转、向右转。由于齿轮齿条式转向结构简单，可靠性强，而且传递路感比较直接和清晰，因此在轿车上最常采用。

循环球式转向器

转向柱末端是个蜗杆，它利用可循环的滚球沿着蜗杆中的沟槽运动来传递转向力，因此能使驾驶人获得非常顺畅的转向手感，遇到颠簸路面时也不会使转向盘产生较大的振动。由于循环球式转向器结构复杂，零部件较多，制造成本也较高，而且转向灵敏性较差，因此它在普通轿车上很少采用，主要应用在大货车、大客车和越野型汽车上。

你知道吗？

最早的齿轮齿条转向器

最早的齿轮齿条转向器是 1885 年由卡尔·本茨发明的，但它只是一个十分简单的机件，不仅齿轮制造粗糙，而且齿轮齿条的配合条件很差，装在奔驰汽车上转向不是不准确，就是失效。尽管如此，齿轮齿条转向器并没有被人们抛弃。1905 年，通用汽车公司凯迪拉克分部的工程师将齿轮齿条转向器的设计理论化，并加工出精度很高、操纵灵活的齿轮齿条转向器。装上这种性能较好的转向器的凯迪拉克新车，由于转向省力方便，备受用户青睐，从而在当年销量大增。

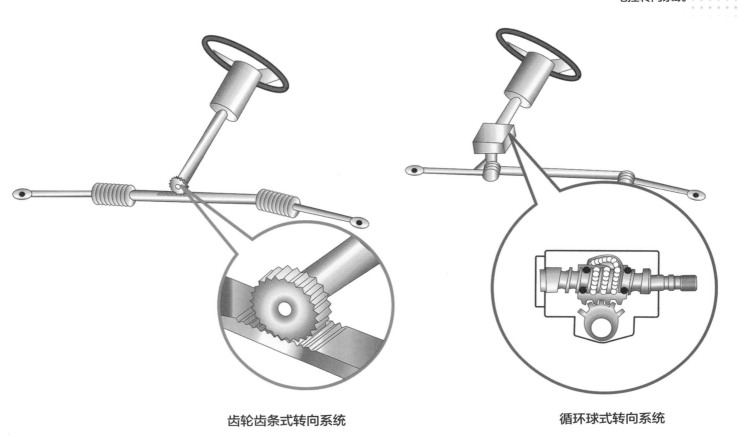

齿轮齿条式转向系统   循环球式转向系统

后轮转向控制电机

转向拉杆

后轮转向系统

电动助力转向:转向时添把劲儿

! 敲黑板:

控制器指挥电机转动转向盘

开车应该是一件轻松愉快的事,因此汽车工程师们想尽办法提高汽车的操控性,如在制动系统、离合器等必须消耗体力的部件上,都尽量提供助力。转动转向盘也需要消耗体力,尤其是对于女性驾驶人来说,如果转向盘太沉,可能会更加费力。为此,电动汽车上一般都采用电动助力转向系统(EPS),利用电动机的力量帮驾驶人轻松转动转向盘。

电动助力转向的结构与原理

电动助力转向系统由转向扭矩传感器、电子控制单元(ECU)、助力电机和转向机构组成。转向扭矩传感器用来测量驾驶人作用在转向盘上的力矩方向和大小,以及转向盘转角的方向和大小,并将信息传递给电子控制单元。电子控制单元根据转向信息、车速信息等,经计算后向助力电机发出指令,指挥助力电机扭动转向柱或转向齿条。

依据电机的种类和助力位置,电动助力转向系统可分为转向柱助力、齿轮助力、齿条助力3种类型。

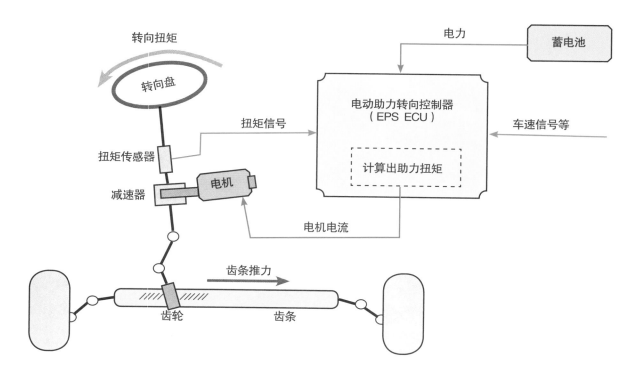

转向柱助力式电动转向系统1

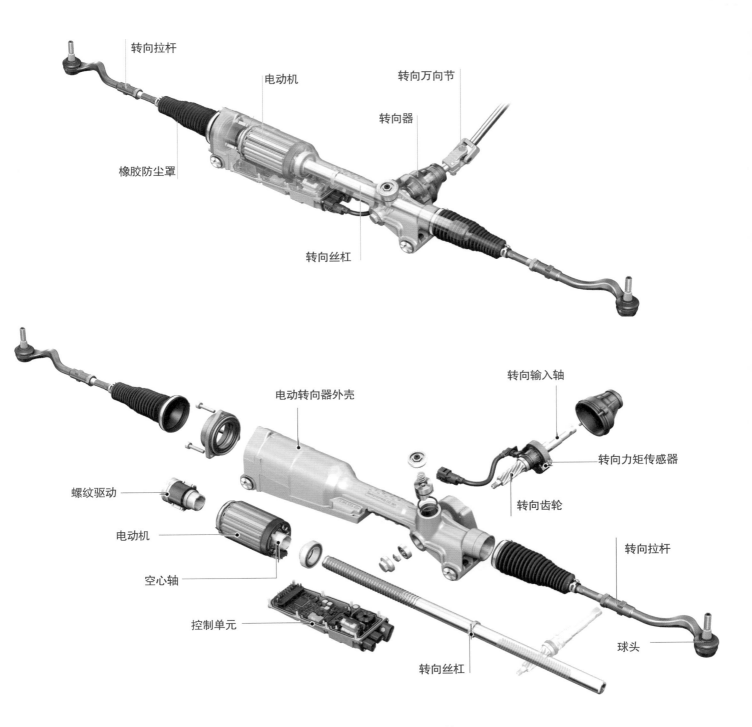

转向拉杆

电动机

转向万向节

转向器

橡胶防尘罩

转向丝杠

电动转向器外壳

转向输入轴

螺纹驱动

转向力矩传感器

电动机

转向齿轮

空心轴

转向拉杆

控制单元

转向丝杠

球头

齿条同轴助力式电动转向系统

随速助力转向: 助力与车速成反比

敲黑板:

高速时转向不能太灵敏

转向助力在倒车、低速行驶时很有用,但过大的转向助力对高速行驶却是非常危险的。高速行驶时稍微一动转向盘,如果转向助力过大,那么前轮就可能有很大的转向动作,车辆就可能偏离道路,甚至导致车毁人亡。因此,后来就出现了随速助力转向,也就是转向助力的大小可以根据车速的高低而变化。当车速较低时,转向助力较大,转动方向非常轻松和灵敏,以增加停车入位或转弯掉头时的灵活性;当车速较高时,转向助力较小,不让转向太轻松和灵敏,以保持行驶稳定性。

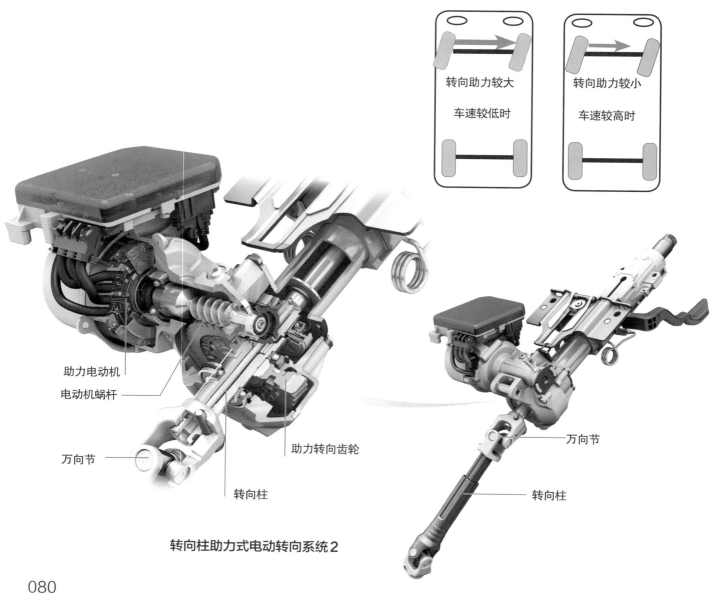

转向助力较大
车速较低时

转向助力较小
车速较高时

助力电动机
电动机蜗杆
万向节
助力转向齿轮
转向柱
万向节
转向柱

转向柱助力式电动转向系统2

随速助力转向系统工作举例

转向助力电动机收集汽车速度的信号，根据汽车速度调整转向助力的大小。当车速较低时，所施加的转向助力较大；当车速较高时，所施加的转向助力较小。施加助力的具体过程是：

（1）收集信号决定施加助力的大小。

（2）助力电动机根据控制指令旋转电动机蜗杆A。

（3）蜗杆A带动中间蜗轮B旋转，并带动同轴的中间齿轮C转动。

（4）中间齿轮C与转向丝杠D上的齿条啮合，从而对转向拉杆施加一定的助力。

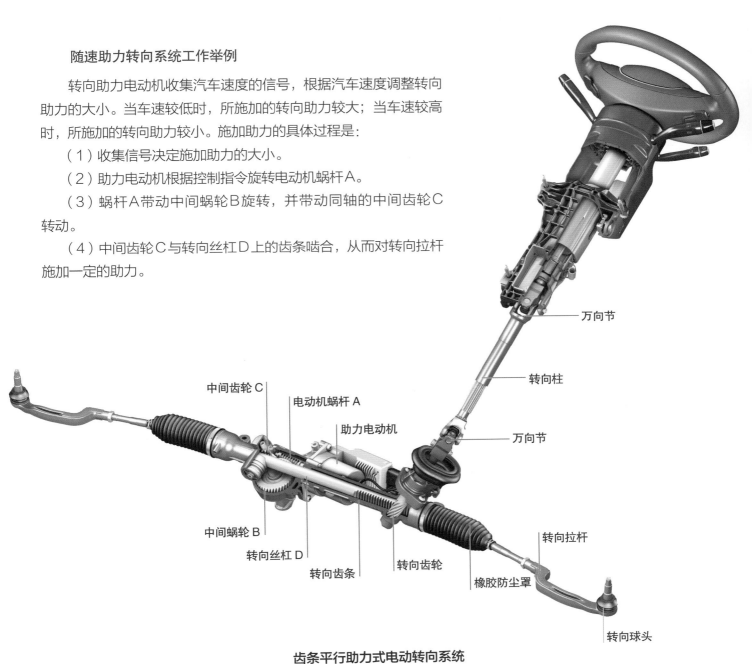

齿条平行助力式电动转向系统

电动线控转向：没有转向柱

敲黑板：
只用电信号操纵转向

　　电动线控转向系统（Steering-by-wire）是指由电信号控制转向操纵的转向系统，它没有传统汽车上的转向柱，而是由转向控制器根据驾驶人的转向动作，通过电信号来指挥转向执行电机操纵转向机构。转向盘与转向机构之间没有机械连接，只有电信号连接，因此称为电动线控转向。

　　电动线控转向主要由转向盘总成、转向控制器、转向执行总成三部分组成。

转向盘总成

　　包括转向盘、转向角度传感器、转向力矩传感器、转向盘回正力矩电机等。

转向控制器

　　转向控制器是电动线控转向系统的"大脑"，负责转向信号和车速信号的分析处理，判断汽车的运行状态，控制回正电机和转向执行电机的工作。

转向执行总成

　　包括前轮转角传感器、转向执行电机、转向电机控制器和前轮转向机构等。当接到转向控制器的指令后，通过转向电机控制器来操纵转向动作。

　　由于该系统去除了将转向盘连接到转向器的机械装置，因此它的转向更加平稳，也腾出不少空间，减少了机械故障的可能性，减轻了汽车的重量。然而，转向系统与安全行车关系极为密切，因此极少将其应用到量产汽车上。

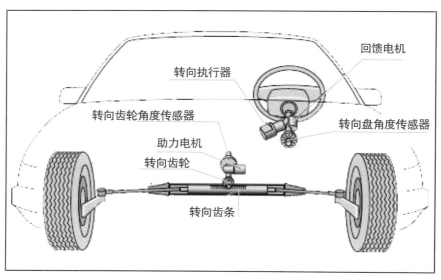

电动线控转向系统构造示意图

第2节　电控制动系统

制动形式：车速的"紧箍咒"

！ 敲黑板：
没有制动就没有速度

以现在的汽车技术，完全可以让汽车跑得更快些，但为什么公路上都要有限速呢？因为汽车的行驶必须在安全速度以内，而这个安全速度则是由制动系统的能力决定的。由于制动系统的能力所限，现在的轿车以100km/h的速度开始紧急制动，也要继续行驶30~40m后才能完全停止。而质量比较大的大货车等，它们的制动距离还会更长。如果没有较好的制动系统，那么汽车就会成为无法控制的"马路猛虎""脱了缰绳的野马"。因此，有一种说法：没有制动，就没有速度。速度高的跑车、赛车等，它们也一定比普通汽车的制动性能更强。

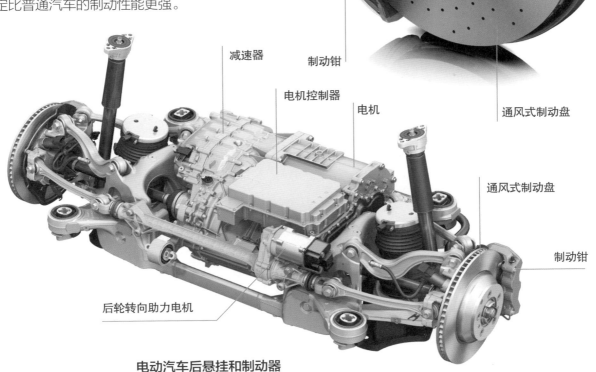

减速器　制动钳

电机控制器　电机

通风式制动盘

通风式制动盘

制动钳

后轮转向助力电机

电动汽车后悬挂和制动器

制动过程:动能转换为热能、电能

！ 敲黑板:
能量守恒定律

　　从表面上看,将汽车制动停车是个简单的机械过程,只要用制动钳将制动盘使劲夹紧即可,车轮自然就会慢下来直至停止。实际上,汽车的制动过程是一个将汽车的动能转换为热能的过程。汽车为什么能够继续前进而不停止,即使不踩油门汽车也会继续往前飞跑?那是因为运动着的汽车已经具有动能,只有把这些动能消耗殆尽,汽车才会完全停止。可是我们知道,总能量是不会消失的,也就是能量是守恒的,要想将汽车中的动能变为零,只能将其转化为其他能量形式,比如热能。

　　用摩擦片或制动片来强制摩擦制动盘,制动盘上就会产生大量的热量,同时车轮上的动能在减少。为了提高制动的速度,或者说加快动能转化为热能的效率,要么加大摩擦力(如通过增大制动力、加大制动盘直径等),要么改善热量散发出去的速度(如通风式制动盘、打孔式制动盘等)。因此,一些对制动性能要求比较高的车辆,如跑车、赛车等,一般都使用散热性较好的大直径制动盘。

　　对于电动汽车来说,由于它可以实现再生制动,也就是当驾驶人抬起加速踏板时,车辆会拖动电机旋转,此时电机就变成一台发电机,产生电能并储存于动力电池中。此时的制动过程就是动能转化为电能的过程。

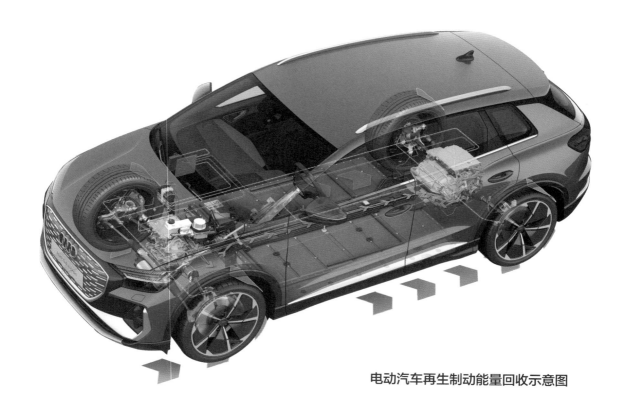

电动汽车再生制动能量回收示意图

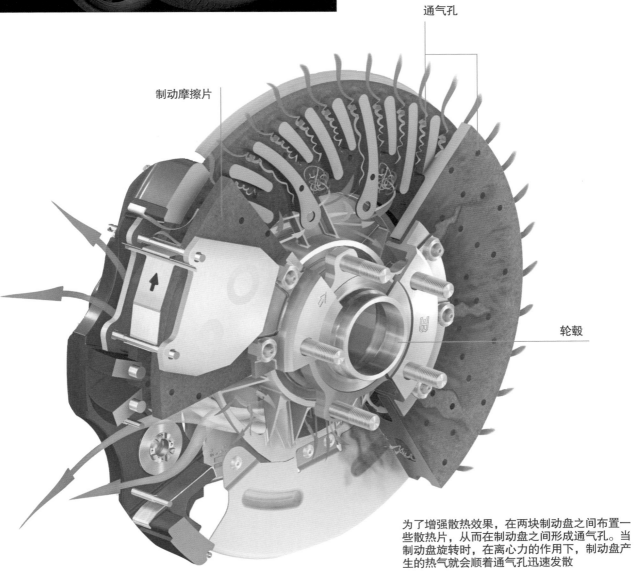

通气孔

制动摩擦片

轮毂

为了增强散热效果，在两块制动盘之间布置一些散热片，从而在制动盘之间形成通气孔。当制动盘旋转时，在离心力的作用下，制动盘产生的热气就会顺着通气孔迅速发散

通风式制动盘散热示意图

盘式制动器：紧紧抓着转动的盘子

！ 敲黑板：
用摩擦力阻止车轮转动

　　盘式制动器由制动盘、制动轮缸、制动钳、制动液管等组成。制动盘用合金钢制造并固定在车轮上，随车轮转动。制动轮缸固定在制动器的底板上。制动钳上的两个摩擦片分别装在制动盘的两侧。制动轮缸的活塞受制动液管输送来的液压作用，推动摩擦片压向制动盘产生摩擦制动，其动作就好像用钳子钳住旋转中的盘子，迫使它停下来一样。

　　盘式制动器散热快，重量轻，构造简单，调整方便。特别是高负载时的耐高温性能好，制动效果稳定，而且不怕泥水侵袭（离心力的作用可将雨水飞散出去）。也正是因为盘式制动器的性能更出众，所以除经济型轿车的后轮制动外，现在轿车大都采用盘式制动。

你知道吗？

为什么制动盘还要"通风"？

　　制动过程实际上是利用摩擦力将动能转化为热能的过程。如果能尽快将热能释放出去，那么无疑会加快这个能量转化速度，从而使汽车尽快失去动能而制动。由于盘式制动的散热性能较好，可以使制动系统快速散热，因此从制动理论上讲，盘式制动的性能要优于鼓式制动的性能。

　　为了进一步提高制动性能，有些制动盘上还设计有许多小孔，或将制动盘设计成空心通风式，从而加速散热。

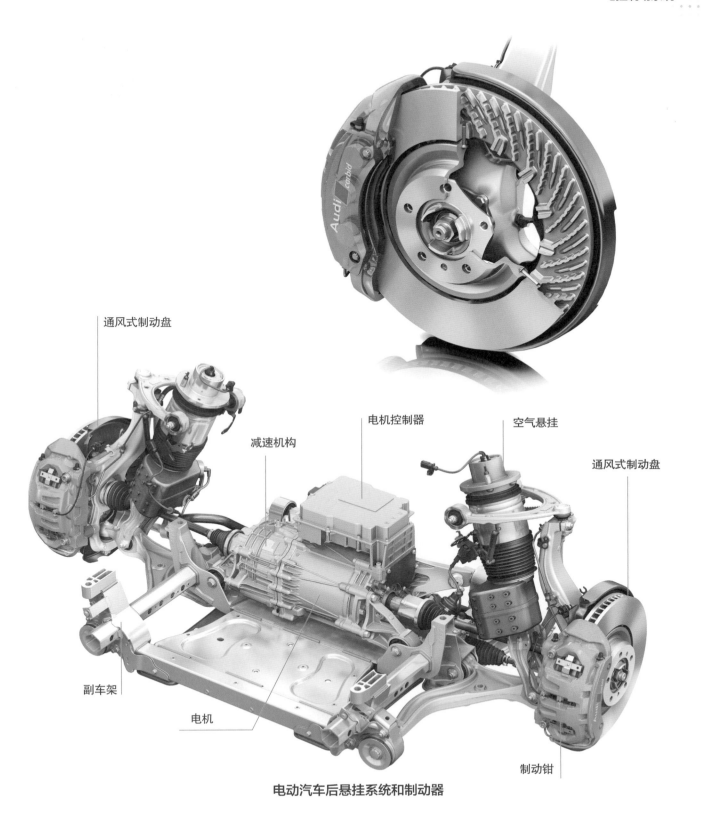

通风式制动盘

电机控制器

空气悬挂

通风式制动盘

减速机构

副车架

电机

制动钳

电动汽车后悬挂系统和制动器

电控制动：再生液压混合制动系统

扫一扫看动画视频

敲黑板：
再生液压混合制动系统

电动汽车一般采用电机再生制动、电动真空助力液压制动相叠加、整合的方式进行制动。两套制动系统在制动控制器的控制下协调配合，整合为"再生液压混合制动系统"，共同为电动汽车提供合适的制动力。

再生液压混合制动系统的控制逻辑是：

（1）电机再生制动的运行模式由驾驶者设定，不同模式下再生制动的能力不同。

（2）当电机再生制动已经达到了最大制动能力但还无法满足制动要求时，液压制动系统才会启动，两套制动系统共同为汽车提供足够的制动力矩。

电机再生制动

再生制动是电动汽车所独有的。当驾驶人抬起加速踏板时，车辆就会拖动电机反转，电机变身为发电机，将车辆动能转化为电能，并储存于动力电池中。现在几乎所有的电动汽车都安装了再生制动系统，在提供制动力的同时，还能实现能量回收。

但电动汽车的再生制动力矩一般不能提供足够的制动减速度，因此，电动汽车的电机再生制动系统一般都和液压制动系统共同存在，两者协调配合，兼顾安全与节能。

你知道吗？

为什么电动机和发电机可以角色互换？

从工作原理上看，电动机与发电机完全不同。电动机是将定子绕组通电后产生磁场，然后使转子的通电导体在磁场中受力，从而使转子运转，将电能转换成机械能的装置；发电机则是利用外力来转动转子并使其切割定子磁场磁感应线，从而产生感应电流，将机械能转换成电能的装置。

但从结构上看，发电机与电动机完全一样，它们都是由定子与转子等组成。当向电动机的定子绕组输入电能时，转子就会转动，这时它就是电动机；当向电动机的转子输入机械能时，在电磁感应原理的作用下，定子绕组上就会产生感应电流，此时它就变身为发电机。因此，当汽车减速或制动时，汽车会拖动电动机的转子旋转产生电流，从而电动机就转变为发电机，为汽车回收能量。

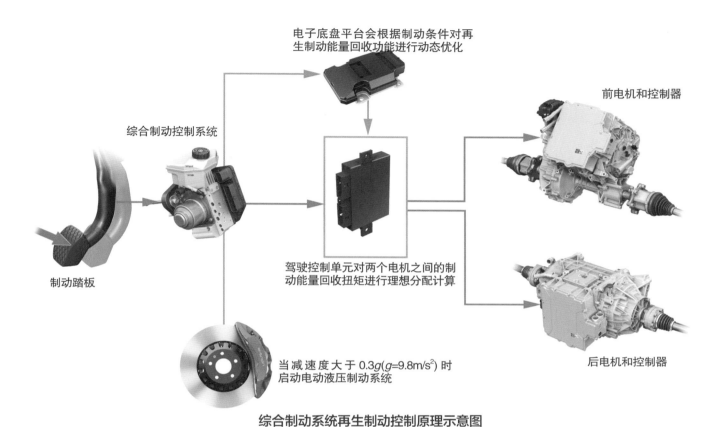

电子底盘平台会根据制动条件对再生制动能量回收功能进行动态优化

综合制动控制系统

前电机和控制器

制动踏板

驾驶控制单元对两个电机之间的制动能量回收扭矩进行理想分配计算

后电机和控制器

当减速度大于 $0.3g(g=9.8\text{m/s}^2)$ 时启动电动液压制动系统

综合制动系统再生制动控制原理示意图

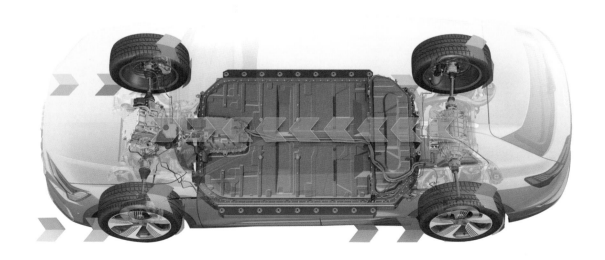

电动汽车再生制动能量回收示意图

制动系统：液压制动是主力

敲黑板：

帕斯卡液压定律

　　汽车奔跑时具有较大的惯性，要想让它停下来不是容易的事。但为什么只要踩制动踏板就能让汽车停下来呢？这里除了制动系统的巧妙设计之外，更重要的是利用液体压力的特点，将驾驶人脚上的力量进行放大，从而使汽车减速或停下来。

　　帕斯卡定律：加在密闭液体上的压强，能够大小不变地向各个方向传递。

　　通俗地说，密闭容器内的液体，各处的压强相等（当然这是有条件的，即在同一深度下。液体内深度越大，压强也越大）。

　　压强是所受压力大小与受力面积之比。因此，在压强相等的前提下，受力面积越大，所受压力就越大。

　　如在液体系统中的一个活塞上施加一定的压强，必将在同一深度的另一个活塞上产生相同的压强。如果第二个活塞的面积是第一个活塞的面积的10倍，那么作用于第二个活塞上的力将增大至第一个活塞上的力的10倍。

　　利用这一原理，如果设计合适，一只小老鼠也可以顶起一只大象。

　　汽车设计师就是利用这个液压原理，让制动踏板与一个直径较小的液压管中的活塞相连，而液压管的另一端则连接着制动钳上的大直径活塞。这样，只用很小的力量踩制动踏板，就可以在大直径活塞上产生较大的压力，从而以较大的力来摩擦制动盘，使汽车快速地制动。

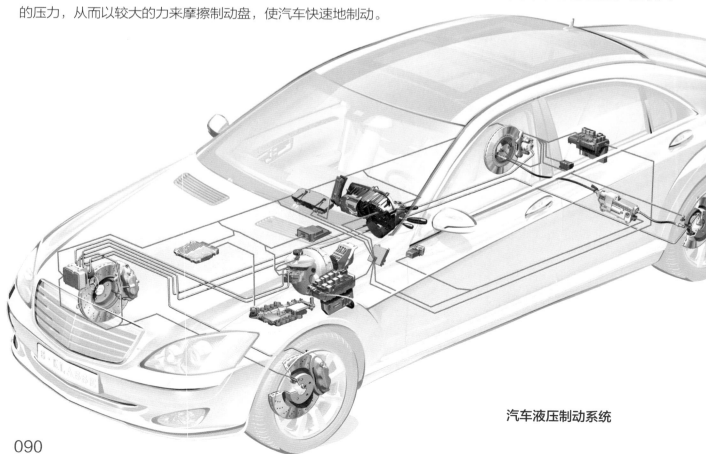

汽车液压制动系统

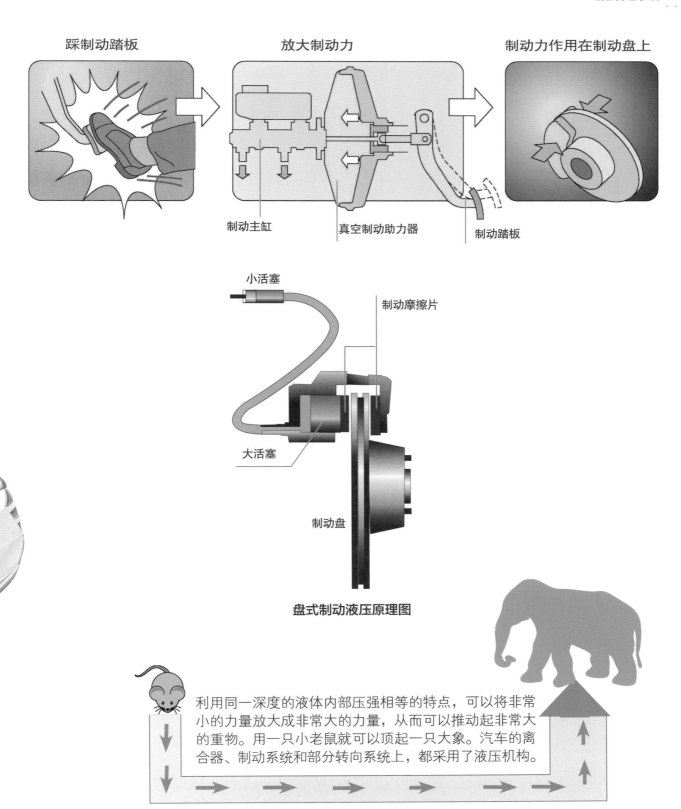

踩制动踏板

放大制动力

制动力作用在制动盘上

制动主缸　　　　真空制动助力器　　　　制动踏板

小活塞

制动摩擦片

大活塞

制动盘

盘式制动液压原理图

利用同一深度的液体内部压强相等的特点，可以将非常小的力量放大成非常大的力量，从而可以推动起非常大的重物。用一只小老鼠就可以顶起一只大象。汽车的离合器、制动系统和部分转向系统上，都采用了液压机构。

帕斯卡定律示意图

电动真空助力：增强制动力

! 敲黑板：
真空与大气压强差产生推力

即使有液压助力帮助驾驶人进行制动，但对于女性来说，如果没有足够的力量踩制动踏板，那么遇到紧急情况时仍非常危险。因此，汽车上都安装有一个真空制动助力器，可以利用真空的力量来提高制动助力。

电动汽车也采用带真空助力器的液压制动系统，它的真空助力器也安装于制动踏板和制动主缸之间，也是利用真空与大气压力差产生动力的原理，产生制动助力，只不过它的真空不是来自发动机的进气歧管（因为电动汽车没有发动机），而是来自一台独立的电动真空泵。因此，又称电动真空助力液压制动。

当制动控制器检测到真空助力器中的真空度低于设定值时，电动真空泵就会启动工作，提供真空源。电动真空泵由12V电源供电。我们周围的大气存在大气压强，即大气压，并随着高度的升高而逐渐减小。真空中没有大气，其压强为零。如果某物体的一侧是大气，另一侧是真空，那么这个物体就会受到1个大气压的压强差，即受到真空推力。真空制动助力器就是利用这个原理设计的。

在真空制动助力器内，一个膜片将真空助力器的内腔一分为二，其中一侧引入真空。当驾驶人踩制动踏板时，真空助力器内腔的另一侧就会流进大气。此时膜片的两侧分别是大气和真空，这样就会产生压力差，膜片就会在压力差的作用下被推动，从而产生制动助力。

你知道吗？

真空制动助力器的助力有多大？

真空制动助力器中的气室膜片受到的推力相当于1个大气压。这个大气压大小因汽车所处的海拔及温度的不同而不同。我们就以1个标准大气压为1kgf/cm²（约为100000Pa）来计算。如果膜片的面积为20cm²，那么膜片受到的推力就是20kgf（约为200N）。因此，为了增大制动助力，就把真空制动助力器的体积做得比较大。

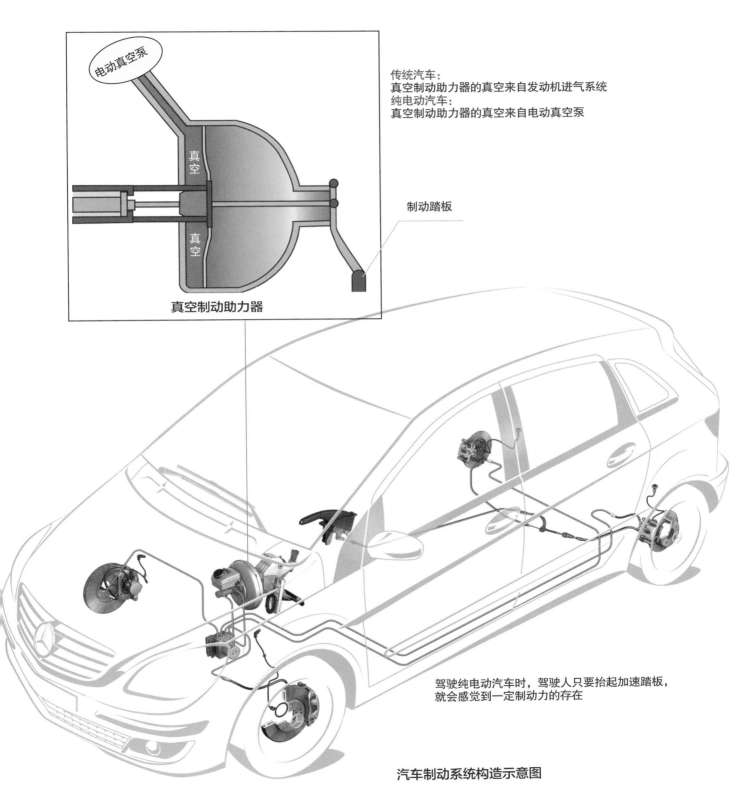

电动真空泵

真空

真空

真空制动助力器

传统汽车:
真空制动助力器的真空来自发动机进气系统
纯电动汽车:
真空制动助力器的真空来自电动真空泵

制动踏板

驾驶纯电动汽车时，驾驶人只要抬起加速踏板，
就会感觉到一定制动力的存在

汽车制动系统构造示意图

第3节　电控悬挂系统

悬挂系统: 像是汽车的腿

！ 敲黑板:
起承上启下的作用

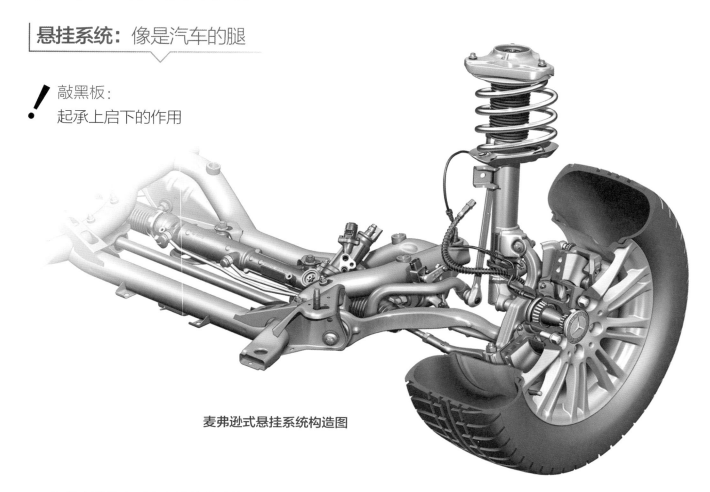

麦弗逊式悬挂系统构造图

为什么我们有时走在坑坑洼洼的路面上身体仍然能保持平衡, 甚至我们上楼梯时身体也能保持垂直和平稳? 这就是因为我们的双腿能根据路况而自动弯曲和伸直, 这样我们走起路来就不会左摇右晃。汽车也一样, 当在不平路面上行驶时, 车轮与车身之间的悬挂系统也会自动压缩、弯曲和伸直, 使车轮尽量与地面保持最大的接触面, 让车身尽量保持原来的平稳行驶状态。车轮与车身之间连接的部分就称为悬挂系统。悬挂系统就像是汽车的腿, 上面连接车身, 下面连接车轮, 起到承上启下的作用, 可以保证汽车平稳行驶。

从形式上看, 悬挂系统有两大作用: 一是将车轮悬挂在车身下面; 二是将车身支撑在车轮上面。但从性能上看, 悬挂系统有三大作用: 一是吸收路面的冲击, 起减振作用, 保证乘坐舒适性, 这也是当初在汽车上采用悬挂系统的主要原因; 二是起支撑作用, 保证车身与车轮之间的连接刚性; 三是使车身在行驶中保持稳定, 拥有适当的操控性。然而, 悬挂系统的三大作用之间是矛盾的, 如果提高车身与车轮之间的连接刚性, 就可能减弱乘坐舒适性; 如果采用柔软的减振而提高乘坐舒适性, 那么就会影响到汽车的操控性; 如果采用硬弹簧而提高操控性, 那么就会降低舒适性。最后的悬挂系统设计, 一定是根据车型定位所做出的妥协。

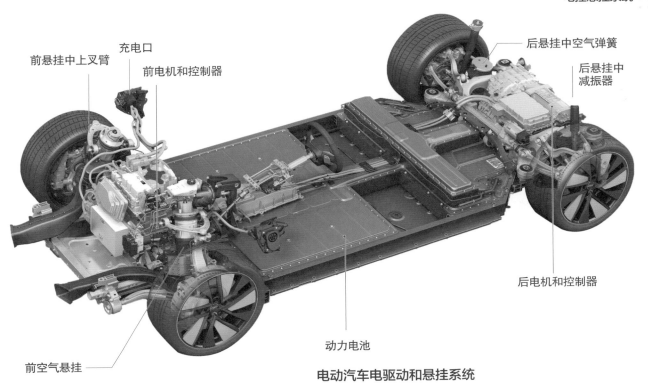

前悬挂中上叉臂　充电口　前电机和控制器　后悬挂中空气弹簧　后悬挂中减振器　前空气悬挂　动力电池　后电机和控制器

电动汽车电驱动和悬挂系统

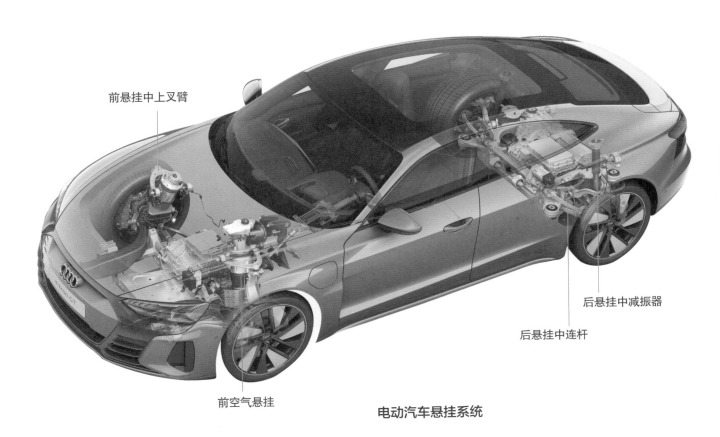

前悬挂中上叉臂　前空气悬挂　后悬挂中减振器　后悬挂中连杆

电动汽车悬挂系统

悬挂有派别：是独立还是不独立

敲黑板：

独立舒适，不独立刚强

悬挂的分类方式有多种，根据减振器形式分类，有采用空气减振器的空气悬挂、采用电磁减振器的电磁悬挂、采用液压减振器的液压悬挂等；根据连杆形式分类，有多连杆式、双叉臂式等；还有根据减振器和弹簧之间配合形式分类的，如麦弗逊式悬挂等；根据左右侧车轮是否有刚性连接，还分为独立悬挂（没有刚性连接）和非独立悬挂（有刚性连接）。

独立悬挂就是左右两个车轮没连在一根刚性车轴上，而是各自通过连杆、弹簧与车身相连，"各走各的路，各跳各的舞"，任何一个轮子受到路面冲击而跳动时不影响另一个轮子的动作。这类悬挂弹性较佳，可吸收路面冲击，高速时行驶稳定，而且由于无连接轴，可以降低发动机和驾驶室的高度，增大车厢和行李舱空间。轿车大多采用独立悬挂。

非独立悬挂是将左右两边的轮子装在同一根刚性车轴上，即两个车轮"并肩前进"，就像跷跷板一样，当一侧车轮跳动时，另一侧车轮也会跟着跳动。这类悬挂结构简单、成本低、维修方便、可靠性高、轮胎磨损小。但是由于两个车轮连在一根刚性车轴上，一个轮子受到路面冲击时，必然会波及另一侧车轮，因此舒适性较差，通常应用在载货汽车上。

非独立悬挂构造图

独立悬挂构造图

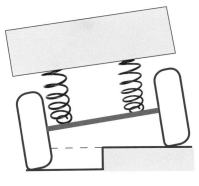

非独立式悬挂构造示意图

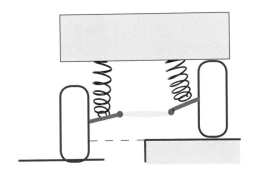

独立式悬挂构造示意图

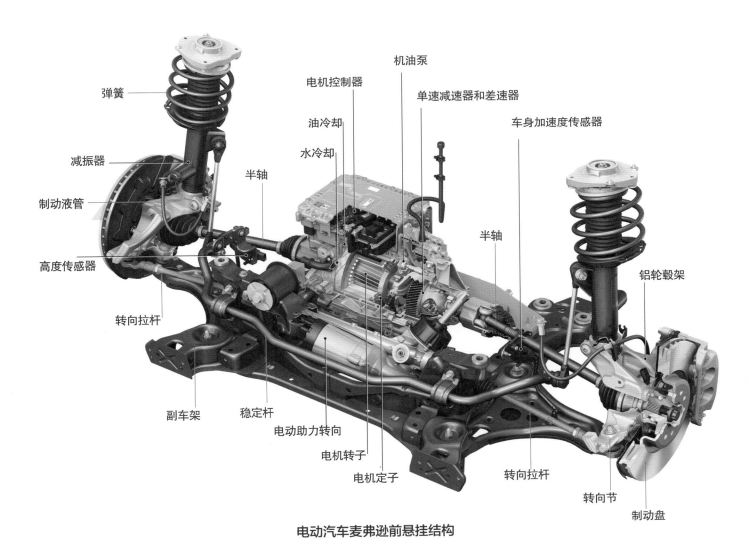

电动汽车麦弗逊前悬挂结构

097

悬挂构成："三剑客"携手制约车轮

！ 敲黑板：
- 连杆＋弹簧＋减振器＝悬挂

悬挂系统主要由三种部件组成，即连杆、弹簧和减振器。

连接车轮和车架的连杆，它控制了车轮运动的方式和角度，我们常听到的双臂式、单臂式、扭力梁式、多连杆式等，就是指连杆的种类。

位于连杆与车架之间的弹簧，用来支持车身的质量，也可在车轮通过凸凹不平的障碍时发挥缓冲作用。弹簧的种类很多，有螺旋式、钢板式、扭力杆式，甚至是一种橡胶或者是一个充满空气的胶皮囊。

减振器的功能是抑制弹簧的过分振动，除了能稳定车身，更重要的是确保车轮与地面有良好的接触。减振器有液压式、充气式和电磁式。其中充气式和电磁式的减振器可随行车情况改变减振器的阻尼大小，主动调节减振器的性能。

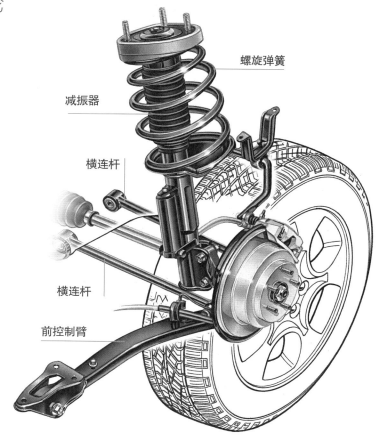

螺旋弹簧

减振器

横连杆

横连杆

前控制臂

你知道吗？

减振器是怎样减振的？

液压式减振器是最常用的一种减振器。其原理是在一个钻有小孔和装有活塞的筒内注满压力油，当弹簧振动时油液会被迫流过小孔，因而产生限制作用。而小孔直径的大小，决定了限制（或减振）的作用大小。如小孔直径较小，则有较强的限制，汽车稳定性会较高；反之，汽车舒适性则提高。设计时小孔直径的大小要兼顾稳定性及舒适性。

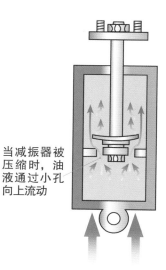

当减振器被压缩时，油液通过小孔向上流动

压缩时工作状态

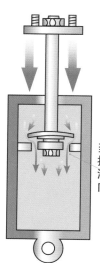

当减振器被拉伸时，油液通过小孔向下流动

拉伸时工作状态

液压减振器工作原理示意图

悬挂性能：都想软硬兼施

! 敲黑板：
　　舒适性与操控性很矛盾

　　汽车的悬挂有软硬之分，但都是相对而言。当汽车通过一个沟坎或减速带时，如果感觉车身跳动而过，让车内乘员感觉比较颠簸，则说明悬挂有点硬；反之，如果感觉车身跳动不已，已经通过了但车身仍在颠簸，像是坐船一样，则表明悬挂有点软。

　　汽车悬挂既要满足舒适性的要求，又要兼顾操纵稳定性的要求，而这两方面的要求又是相互矛盾的。悬挂越软，乘坐越舒服，而悬挂太软，就会出现制动点头、操纵性和行驶稳定性差等现象；悬挂越硬，操控性和行驶稳定性越好，但舒适性就要打折扣。悬挂要根据车型定位要求来设计，比如跑车的悬挂就要稍硬些，以保证拥有较佳的操控性；而商务轿车的悬挂往往要软些，以保证较佳的舒适性。汽车悬挂设计都想软硬兼施，最后都要在舒适性和操控性上做取舍和妥协。

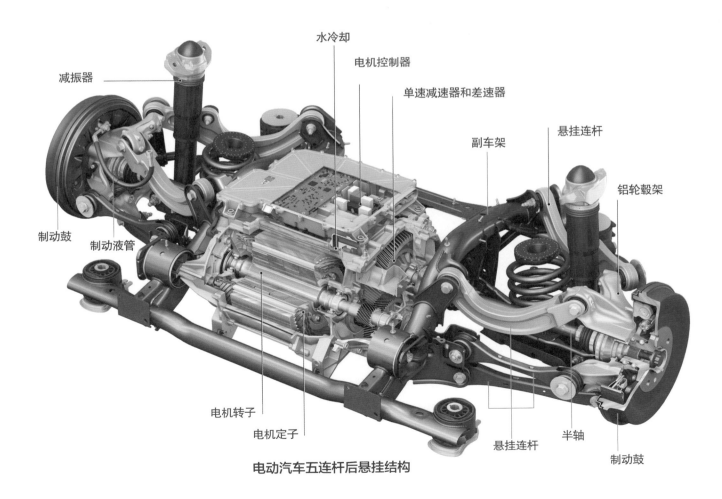

电动汽车五连杆后悬挂结构

减振器：是用来约束弹簧的

！ 敲黑板：
弹簧不能跳个没完没了

麦弗逊式悬挂系统构造图

弹簧在车辆受到路面冲击时，会以本身的压缩变形吸收振动的力量，缓冲不平路面对车身造成的颠簸和振动。仔细观察下自行车座下面，会发现有两三根弹簧支撑着座椅，这样骑车过减速带时就不会很颠。汽车的车身也是通过弹簧支撑在轮轴上，这样行驶时乘坐在其中的人就不会感觉很颠。这是因为弹簧有弹力，并且弹力是渐变的，使人感觉更容易接受和舒适。

发生形变的物体，由于要恢复原状，对与它接触的物体会产生力的作用，这种力称为弹力。

那么，既然有了弹簧来减轻颠簸程度，为什么还要配个减振器呢？

在车辆受到路面颠簸冲击时，弹簧会以本身的压缩变形吸收振动的力量，缓冲不平路面对车身造成的颠簸和振动。然后，在冲击力量消失时，弹簧会在恢复原状的同时释放吸收的能量，自身拉伸变长，从而将车辆往上弹，这种现象即称为回弹（Rebound）。

回弹会使车中乘客感到不舒适，而且会造成车辆操控困难，容易发生危险。所以在悬挂中（一般是在弹簧圈中）装置减振器（Shock Absorber），阻止回弹。

若悬挂中缺少了减振器，只有弹簧，那么情况就像是车轴上只加装了弹簧的手推车，走起路来车身会不停地摇动。因为，虽然弹簧发挥了它的弹性功能，却没有减振器将车身稳定下来。

弹簧的作用是缓冲地面的冲击，而减振器的作用却是限制弹簧的过分弹力，或者说是约束弹簧、稳定弹簧。只有二者相互配合，再加上一些连杆的限制，才能保证汽车拥有较好的减振效果。

汽车上最常用的弹簧有钢板弹簧（主要用在载货汽车上）、螺旋弹簧（主要用在轿车上）和空气弹簧（主要用在豪华轿车、大客车上）。它们都要配备减振器才能更好地起到减振作用。

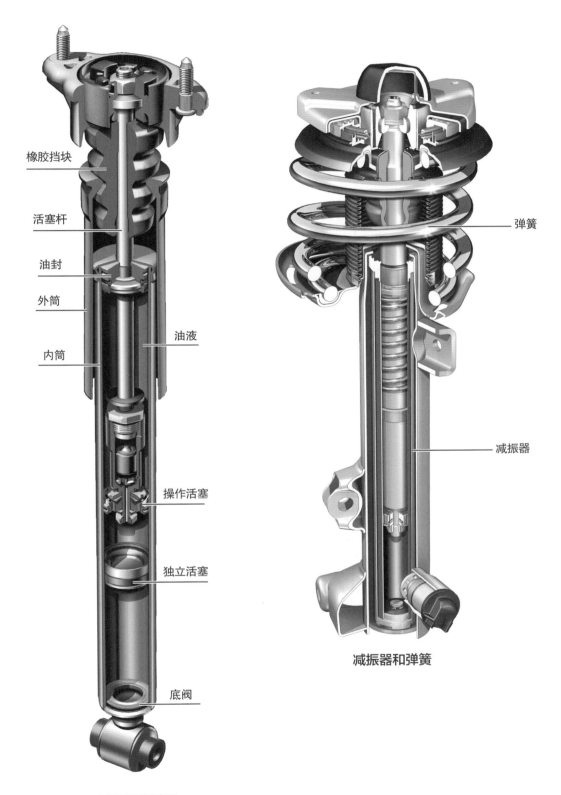

橡胶挡块

活塞杆

油封

外筒

内筒

油液

操作活塞

独立活塞

底阀

弹簧

减振器

减振器构造图

减振器和弹簧

主动式悬挂：积极应对路况

！ 敲黑板：
用可控制的液压或气压代替弹簧和减振器

汽车的操控性和舒适性不仅互相矛盾，而且都受悬挂性能的影响。如果悬挂性能较软，虽然有利于舒适性，但会牺牲操控性；如果悬挂性能较硬，虽然可提高操控性，但会牺牲舒适性。

普通悬挂系统减振器的阻尼值都是固定不变的，它只能在舒适性和操控性这对矛盾体之间寻找一个折中点，以符合汽车的定位要求。主动式悬挂则可以根据路面状况和车身振动自动调节减振器的阻尼值，从而调节悬挂的软硬度，使汽车在不同情况下都能保持较佳的舒适性和操控性。

主动式悬挂系统通常是以一个液压或气压吸筒来代替一组弹簧和减振器。例如雪铁龙就是用液压式，而奔驰、路虎、奥迪等用气压式设计。

由于主动悬挂会消耗本身动力，加上结构复杂，所以在普通轿车上并不多用。但它在豪华轿车、赛车、SUV或负载量经常有很大变化的大客车、大货车上都有广泛应用。

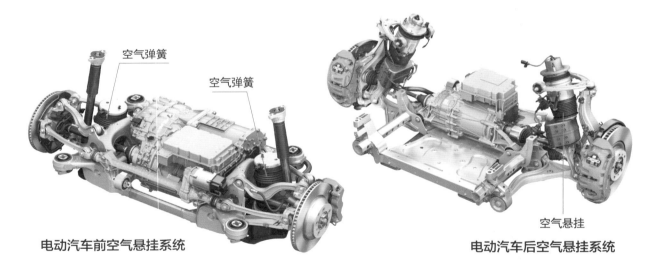

空气弹簧

空气弹簧

空气悬挂

电动汽车前空气悬挂系统　　　　　　　　　**电动汽车后空气悬挂系统**

你知道吗？

电控空气悬挂是怎样工作的？

电控空气悬挂是一种主动悬挂，它可以控制车身高度、车身倾斜度和减振阻尼系数等。空气悬挂中的电子控制单元（ECU）根据惯性传感器、车身高度、车速、转向角度及制动等信号，实时控制空气压缩机的工作情况。空气压缩机将高压空气输送到每个空气悬挂中，根据需要控制每个悬挂的行程、阻尼系数及高度等，从而使汽车具有良好的乘坐舒适性和操纵稳定性。

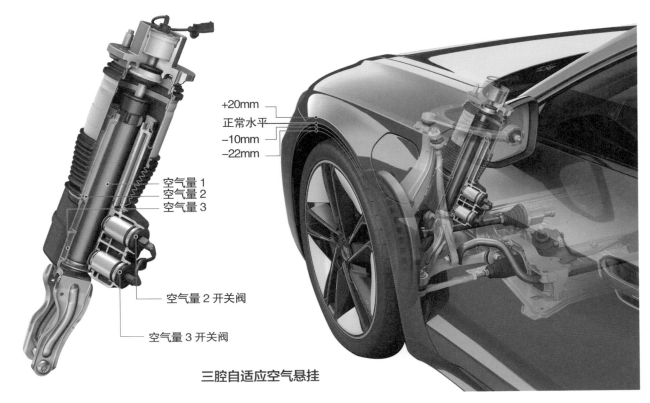

+20mm
正常水平
−10mm
−22mm

空气量 1
空气量 2
空气量 3

空气量 2 开关阀

空气量 3 开关阀

三腔自适应空气悬挂

车辆加速度传感器

可控减振器

控制单元

车辆加速度传感器

车身高度传感器

车辆加速度传感器

车身高度传感器

车身高度传感器

带主动减振器的运动型悬挂

103

电控空气悬挂：空气也能"硬"起来

！敲黑板：

空气压缩越多，弹性系数越大

所谓空气悬挂，是指采用空气减振器或空气弹簧的悬挂。

空气减振器：空气减振器不像传统减振器那样充满油液，而是用一个空气泵向减振器中充入空气，通过控制空气泵便可以调整空气减振器中的空气量或压力。因此，空气减振器的硬度和弹性系数是可调的。空气被压缩得越多，弹性系数越大，它越能大大提高车辆的行驶运动性和稳定性。

空气弹簧：空气弹簧就是一个气囊，它往往要配合减振器一起工作。空气弹簧的空气量变化时，弹性系数就会发生变化，从而调节悬挂的软硬度。

电子控制：因为空气量可控，所以还可以通过电子控制单元（ECU）自动控制悬挂的软硬度，或者人为地通过操作按钮控制悬挂的软硬度。而且，空气弹簧的长度和行程也可以根据弹簧内压缩空气量的多少进行

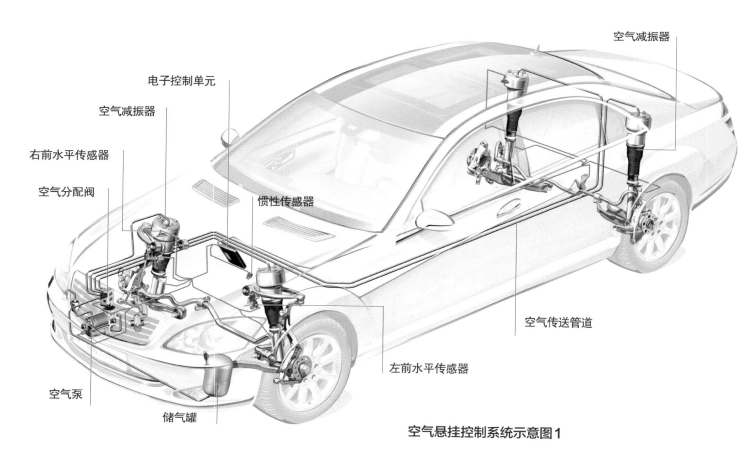

空气悬挂控制系统示意图1

控制。通过调节与发动机相连的空气泵泵入的空气量，便可调节空气弹簧的行程和长度。这就是一些汽车可以升降底盘的原因。

优势特点：与传统钢制汽车悬挂系统相比较，空气悬挂具有很多优势。例如，高速行驶时，悬挂可以变硬，提高车身稳定性；长时间低速行驶时，控制单元会认为正在经过颠簸路面，便使悬挂变软来提高乘坐舒适性。空气悬挂系统还能自动保持车身水平高度。无论空载还是满载或者通过弯道时，通过对部分空气悬挂高度或硬度的独立控制，就可以使车身尽力保持水平状态。

由于电动汽车上可以提供电源，并能通过众多传感器收集和共享行车信息，因此现在电动汽车上越来越多地采用电控空气悬挂设计。

扫一扫看动画视频

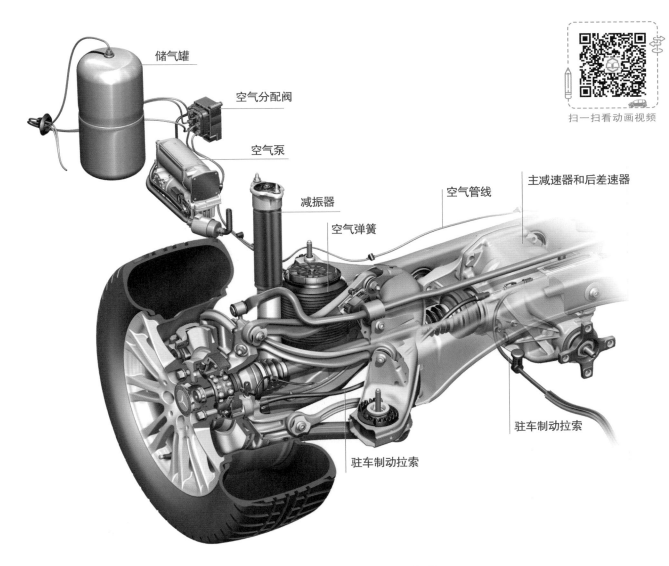

空气悬挂控制系统示意图2

电控电磁悬挂：反应速度快过闪电

扫一扫看动画视频

! 敲黑板：
  电磁感应原理

　　采用电磁减振器的悬挂称为电磁悬挂。电磁减振器是利用电磁感应原理开发的一种减振器。它可以针对路面情况，在1s内做出上千次的反应，抑制振动，保持车身稳定，特别是在车速很高又突遇障碍时，更能显出它的优势。

　　电磁感应是指因为磁通量变化产生感应电动势的现象。在减振器内采用的不是普通油，而是一种被称作电磁液的磁流变液。电磁液由合成碳氢化合物以及 $3\sim10\mu m$ 大小的磁性颗粒组成。一旦控制单元发出脉冲信号，线圈内便会因电磁感应而产生电压，从而形成一个磁场，并改变电磁液中粒子的排列方式。这些粒子马上会按垂直于压力的方向排列，阻碍油液在活塞通道内流动的效果，从而提高阻尼系数，调整悬挂的"硬度"。通过线圈的电流越大，悬挂的性能就越"硬"。

　　电磁悬挂是一种主动式悬挂，它可以单独调节某个车轮上悬挂的性能，比如在车辆高速过弯时可以提升弯道内侧悬挂的"硬度"，减小车身侧倾，提高操控性和舒适性。

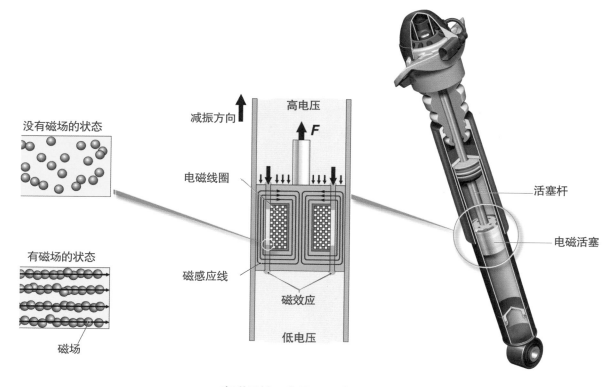

电磁悬挂工作原理示意图

第7章

电动汽车的"管家"：热管理

第1节 整车热管理系统

> **整车热管理：**集中供暖＋中央空调

！ 敲黑板：
电机电控热管理 + 驾乘室热管理 + 动力电池热管理 = 整车热管理

　　电动汽车的热管理要比燃油汽车复杂得多。首先，电动汽车必须装备制热系统（如热泵空调、PTC加热器），而燃油汽车利用发动机余热即可满足需求；其次，电动汽车要对蓄电池、电控器和电动机冷却，而燃油汽车只要对发动机冷却即可。因此，电动汽车必须配备一套复杂的集成式热管理系统，保证动力电池工作在合理的温度区间，实现对电动机、控制器以及驾乘室的温度控制等。

　　集成式热管理系统就是把热泵空调（制冷＋制热）、PTC加热器、冷却系统（蓄电池冷却、控制器冷却、电机冷却）整合到一起，冷热搭配，同时也把电机电控热管理、驾乘室热管理、动力电池热管理串联在一起，可将电机电控的冷却余热通过热交换器，为动力电池加热；或者将动力电池的冷却余热作为驾乘室取暖的热源。这就好比是将集中供暖与中央空调进行整合，充分满足电动汽车各个部件和空间对温度控制的要求。

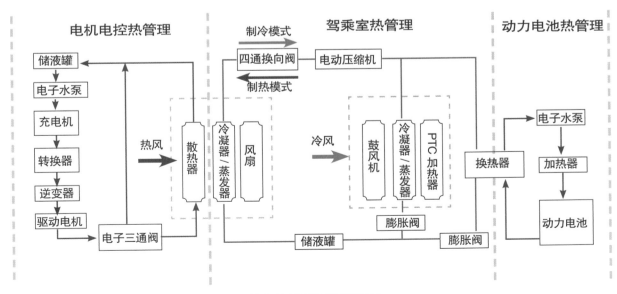

整车热管理系统架构图

热量来源：多渠道供暖

! 敲黑板：
PTC 加热器 + 热泵空调 + 电机电控余热收集 = 热源

　　电动汽车的动力电池在室外温度较低时，需要有稳定的热源保持电池工作在合理的温度区间；驾乘室也需要暖风进入，以保证驾乘人员处于舒适温度的环境中。电动汽车上的热源主要有三方面供给：PTC加热器（往往不止一个），热泵空调的制热循环，电机电控系统的余热收集。其中，电机电控系统的余热收集是一举两得的技术，在防止电机电控系统热失控的同时，还能辅助为驾乘室提供暖风。

　　以奥迪e-tron为例，在其前桥上，电子控制器和电机串联在冷却环路中，冷却液首先流经电子控制器，然后流经电机转子内腔，之后流经定子冷却水套，最后返回冷却循环管路中；在其后桥上，电子控制器和电机串联在冷却环路中，冷却液首先流经电子控制器，随后流经定子冷却水套，再流经转子内腔，最后返回冷却循环管路中。

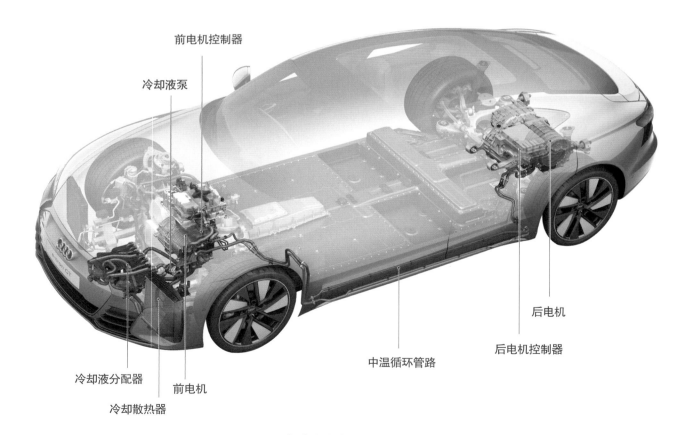

电动汽车电机冷却系统1

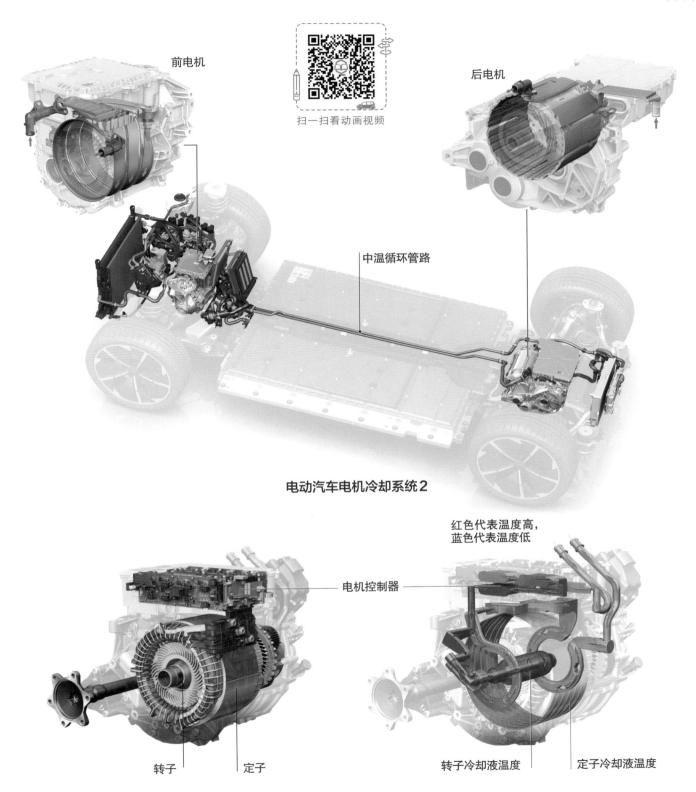

前电机

后电机

扫一扫看动画视频

中温循环管路

电动汽车电机冷却系统2

红色代表温度高，
蓝色代表温度低

电机控制器

转子 定子

转子冷却液温度 定子冷却液温度

电机和控制器冷却液温度示意图

电池冷却器: 将电池热量交换出去

扫一扫看动画视频

! 敲黑板:
用空调为电池降温

　　动力电池一般采用冷却液循环的方式进行冷却,在电池芯或电池模块周围布置冷却液管路,由冷却水泵驱动冷却液循环流动,在流过电池冷却器(Chiller)后,冷却液温度降低后再循环流回动力电池周围,从而为动力电池维持一个合理的工作温度区间,使动力电池的放电性能处于最佳状态。

　　动力电池冷却器主要由热交换器、带电磁阀的膨胀阀、管路接口和支架组成。其中热交换器负责动力电池冷却液循环管路与空调制冷剂循环管路进行热交换,将动力电池冷却液中的热量转移到空调制冷剂中,从而使动力电池的工作温度降低。

　　因此,电动汽车上的空调系统制冷剂循环回路由两个并联支路构成,一个用于驾乘室温度调节,一个用于动力电池冷却。

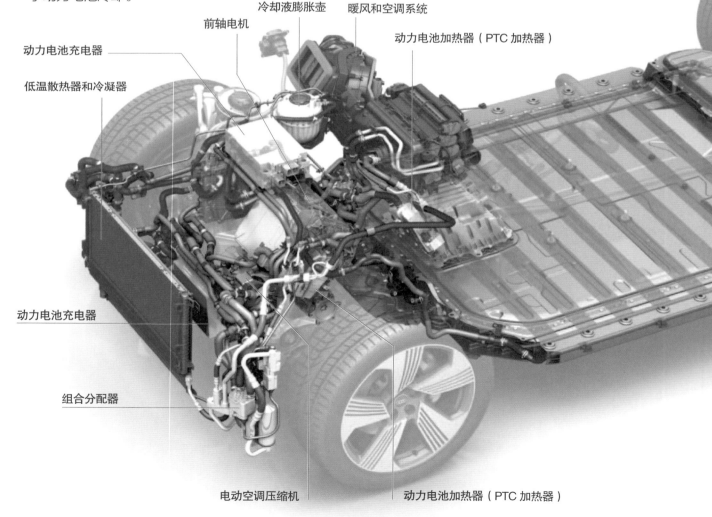

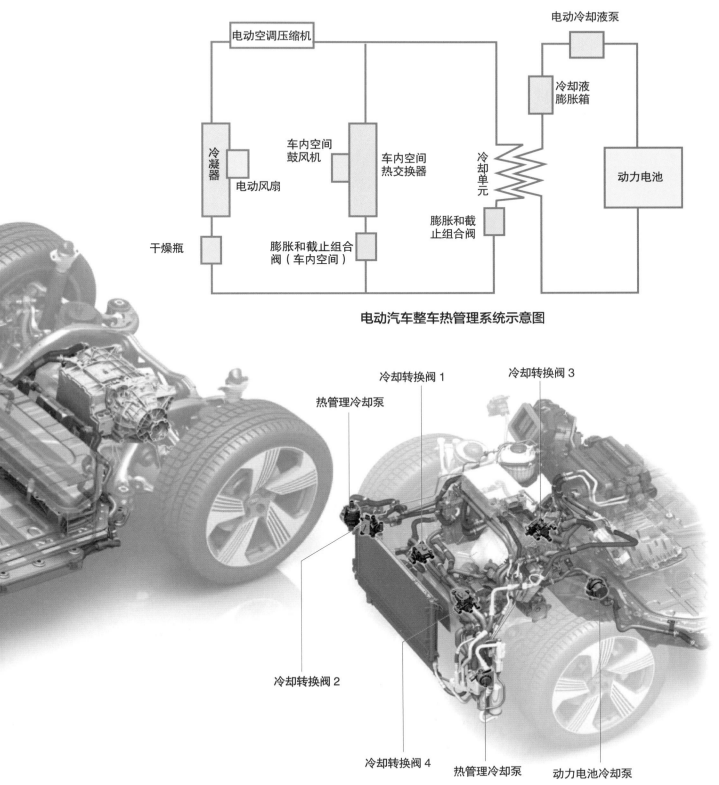

电动汽车整车热管理系统示意图

电动汽车整车热管理系统构造图

第2节　电动空调

热泵空调：制冷又制热

! 敲黑板：
制冷循环与制热循环相互切换

电动汽车也装有空调系统，它也可以像传统的燃油汽车那样为车内乘员提供冷风，并且采用同样的制冷原理，也就是压缩机+制冷剂的方式。所不同的是，电动汽车上的压缩机不是由发动机或电机驱动，而是采用一体式的电动压缩机（电动机与压缩机的组合），直接由动力电池的直流电驱动。

动力电池驱动压缩机

传统汽车都是由发动机驱动压缩机，那么纯电动汽车为什么不用动力电机驱动压缩机呢？因为动力电机只在汽车前进时才运转，在停车时它也停止工作，如果用它来带动压缩机，那么在等红灯时制冷系统就要停止工作了，这样显然会让车内人感觉不舒适。因此，只好采用一套与动力系统无关的独立制冷系统，无论是停车还是行驶，它都能工作。

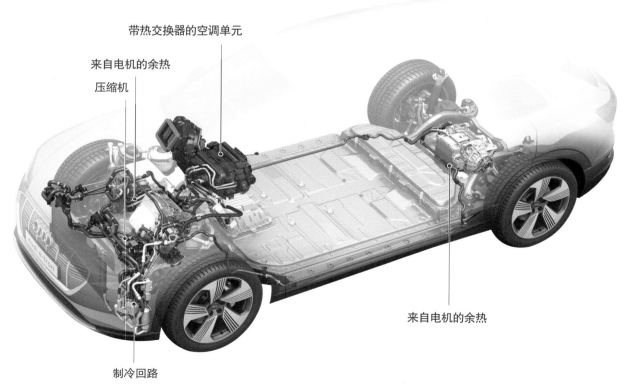

带热交换器的空调单元

来自电机的余热

压缩机

来自电机的余热

制冷回路

电动汽车热管理系统

　　纯电动汽车上的电动空调系统主要由电动压缩机、压缩机控制器、冷凝器、蒸发器、膨胀阀、储液干燥器和若干管路组成。它的压缩机电机采用脉宽调制（PWM）技术，可以实现无级调速。

热泵空调工作原理

　　一些高端电动汽车上采用的热泵空调器，可以在制冷和制热两种方式下运行，提供冷风和热量。热泵空调器其实就是在普通空调器的基础上安装一个四通换向阀。只要改变阀的导通，就可以让蒸发器与冷凝器的功能互换，实现制冷循环与制热循环相互切换。这样，热泵空调在冬季时可以把室外较低空气中的热量抽取进室内，而在夏季时可以把室内空气中的热量抽到室外去。

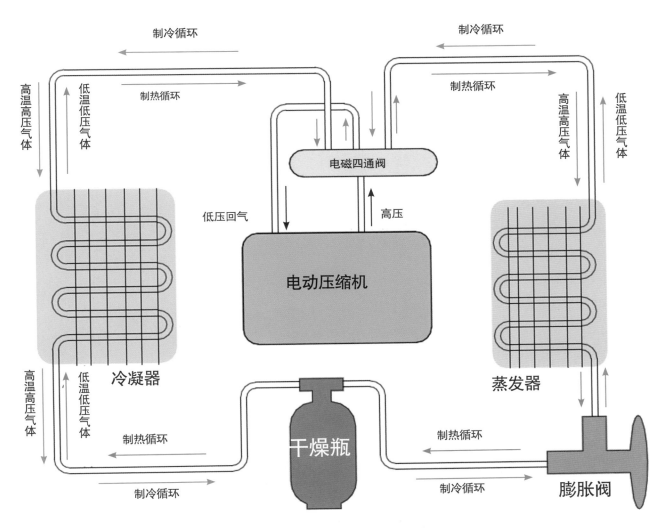

电动汽车热泵空调系统工作原理示意图

第3节　PTC加热器

PTC 加热器：发热但不发红

！敲黑板：
居里温度

纯电动汽车上一般使用 PTC 加热器提供热量。PTC 是英文 Positive Temperature Coefficient 的缩写，意为"正温度系数"。虽然它是采用向电阻材料通电生热的方式，但它使用的是一种热敏陶瓷元件，由若干单片组合后与波纹散热铝条经高温胶黏结而成。其最大特点是可以使加热器的表面温度维持在设定的居里温度左右。居里温度是一个人为设置的温度，在电动汽车上一般为240℃。

当PTC的温度低于此温度时，PTC 电阻值随之减小，发热量相应会增加；当超过此温度时，电阻值会突然增高，成倍增大，直至接近绝缘。这相当于本身自动切断电源，从而使温度回落。因此，PTC加热器不会产生像电吹风机中电阻线"发红"的现象，从而避免发生事故。

为了能照顾到动力电池和驾乘室内的温度，一般电动汽车上都不止设置一个 PTC 加热器。

PTC 空气加热器

利用动力电池直接加热PTC，使PTC周围空气温度升高，然后利用电风扇将暖风吹入驾乘室。这种 PTC 空气加热器可以快速实现加热，一般不到1min就能将驾乘室加热到舒适温度。这也是目前多数电动汽车通常采用的加热办法，它的安装位置一般非常靠近驾乘室前端。

PTC 冷却液加热器

将PTC的热量通过冷却液回路传导到驾乘室。这种加热器适合插电式混合动力汽车和增程式电动汽车，它可与发动机冷却液循环回路整合到一起，共同为驾乘室提供热量。

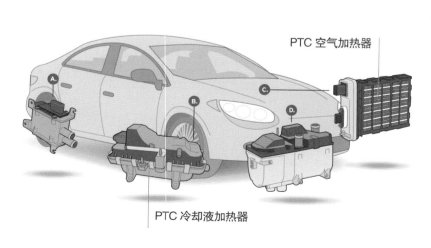

PTC 空气加热器

PTC 冷却液加热器

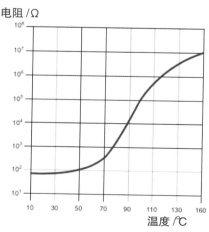

PTC加热器特性曲线

第8章

插电式混合动力汽车：
油电同混

第1节 谁是插电式混合动力汽车

插电式混合动力汽车形式："混法"各异

！敲黑板：
主要形式有三种：并联、串联、混联

可以使用外接电源为车载动力电池充电的混合动力汽车，称为插电式混合动力汽车（Plug-in Hybrid Electric Vehicle，简称PHEV）。它既有传统汽车的发动机、变速器、传动系统、油路、油箱，也有纯电动汽车的电池、电动机、控制器，而且电池容量比较大，有充电接口。它既可实现纯电动、零排放行驶，也能通过混合动力模式增加车辆的续航里程。

根据发动机与电驱动系统之间的关系，插电式混合动力汽车可分为并联式、串联式和混联式混合动力汽车三种。其中，串联式混合动力汽车也称为增程式电动汽车。

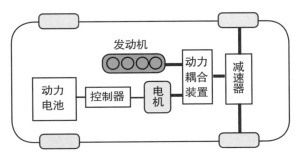

并联式插电混合动力汽车

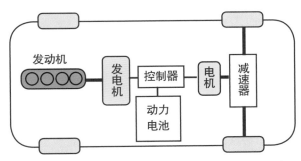

串联式插电混合动力汽车（增程式电动汽车）

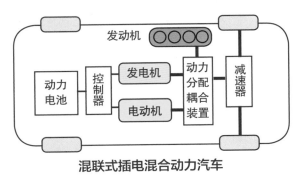

混联式插电混合动力汽车

第2节　并联式插电式混合动力汽车

并联式插电式混合动力汽车：油电驱动相互独立

！ 敲黑板：

发动机、电机都可以独立驱动汽车前进

　　并联式插电混合动力汽车一般只有一台电机，这台电机与发动机的动力系统是并联关系，它们的动力通过动力复合装置整合后，共同向汽车提供驱动力。

　　并联式插电式混合动力汽车的布置保留了发动机、变速器及后续传动的机械连接，由电驱动系统所提供的动力在原驱动系统的某一处与燃油发动机动力汇合，或者发动机和电驱动产生的动力完全分开，分别驱动不同的驱动桥，即汽车可以由发动机和电驱动共同驱动，或者各自单独驱动。

　　并联式插电式混合动力汽车是在燃油汽车的基础上，增加动力电池、电驱动系统组成的混合动力车型。日常可作为电动汽车使用，在上坡、加速时可以实现全混合动力行驶。这类汽车的特点是结构简单，动力较强，还有不错的节能效果。

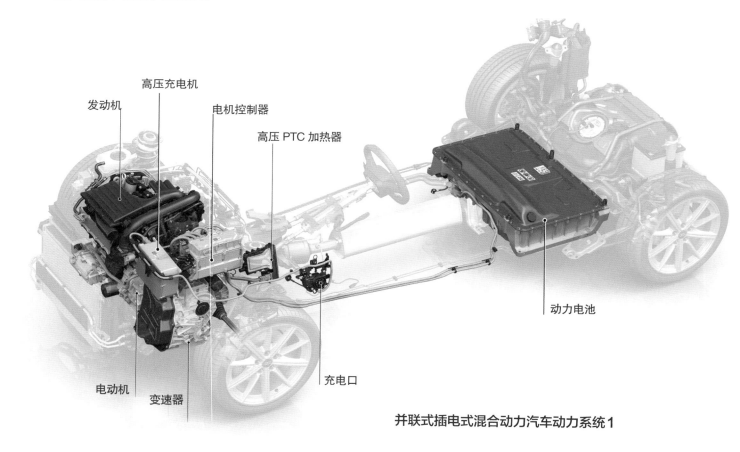

发动机　高压充电机　电机控制器　高压 PTC 加热器　动力电池　电动机　变速器　充电口

并联式插电式混合动力汽车动力系统1

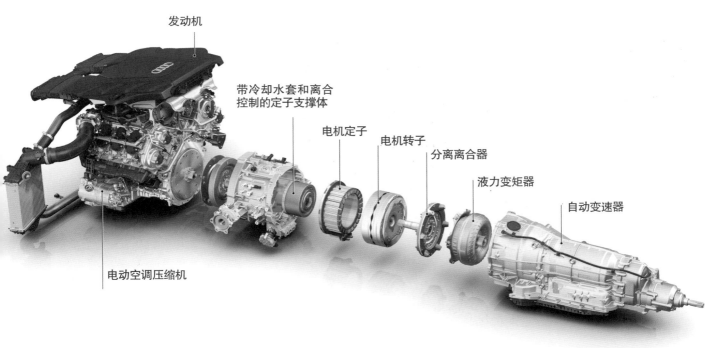

发动机

带冷却水套和离合
控制的定子支撑体

电机定子

电机转子

分离离合器

液力变矩器

自动变速器

电动空调压缩机

并联式插电式混合动力汽车动力系统 2

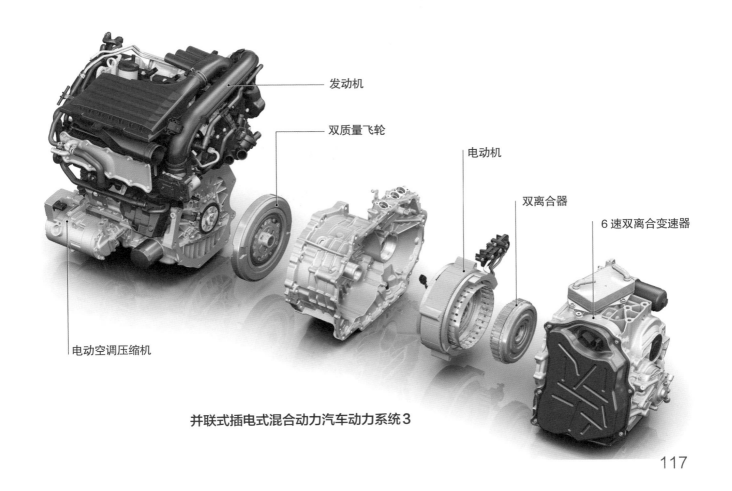

发动机

双质量飞轮

电动机

双离合器

6 速双离合变速器

电动空调压缩机

并联式插电式混合动力汽车动力系统 3

117

扫一扫看动画视频

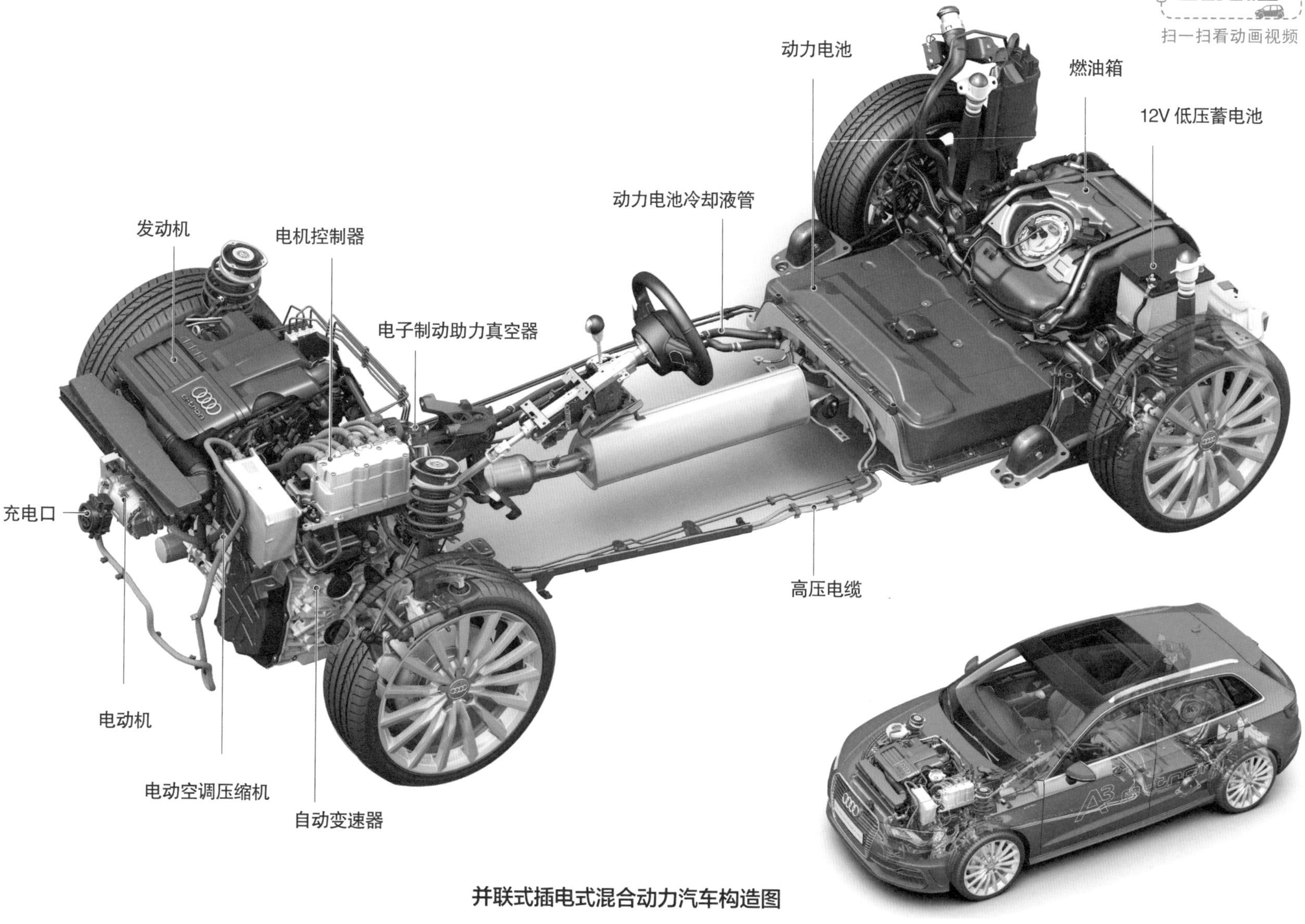

并联式插电式混合动力汽车图解

12V 低压蓄电池

燃油箱

动力电池

动力电池冷却液管

高压电缆

电子制动助力真空器

电机控制器

发动机

充电口

电动机

电动空调压缩机

自动变速器

并联式插电式混合动力汽车构造图

118

扫一扫看看动画视频

充电口

充电器

动力电池

电机控制器

PTC 加热器

电动机

电动空调压缩机

动力电池

充电口

电机控制器

自动变速器

PTC 加热器

电动机

发动机

发动机

并联式插电式混合动力四驱汽车构造

119

第3节　串联式插电式混合动力汽车（增程式电动汽车）

串联式插电式混合动力汽车：增程式电动汽车

！ 敲黑板：
发动机只用于驱动发电机发电

　　如果在纯电动汽车上增加一台小型燃油发动机，但并不用它直接驱动车轮，而是用来带动一台发电机发电，向动力电池充电并最终依靠电机驱动汽车前进，那么这就是一台串联式插电式混合动力汽车。发动机的作用相当于增加了纯电驱动的续航里程，而且汽车只依靠电驱动行驶，因此也称为增程式电动汽车。

　　增程式电动汽车具有电动汽车的安静、起步扭矩大的优点，可以当纯电动汽车使用。在充电方便的条件下只充电，不加油，使用成本较低。与其他插电式混合动力汽车相比，增程式电动汽车可以不用变速箱，成本略有降低。而且只要有加油站，就可以一直跑下去，没有里程焦虑问题。

　　另外，因为发动机不直接驱动车轮，发动机转速和车轮转速、汽车速度没有直接关系，通过对控制系统和控制逻辑的优化设计，可以让发动机一直工作在最佳状态，从而达到节能、噪声小的效果。

　　由于发动机并不直接驱动车轮，需要将机械能转换为电能，然后再通过电机转换为机械能，增加了转换过程中的能量损耗。

　　代表车型：理想ONE、岚图FREE、雪佛兰沃蓝达（Volt）、广汽传祺GA5、AITO问界M5、赛力斯SF5等。

雪佛兰沃蓝达增程式电动汽车构造图

扫一扫看动画视频

增程式电动汽车动力系统图解

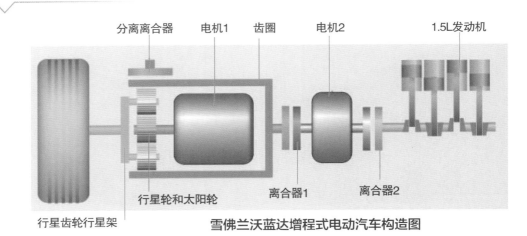

分离离合器　电机1　齿圈　电机2　1.5L发动机

行星轮和太阳轮

离合器1　离合器2

行星齿轮行星架

雪佛兰沃蓝达增程式电动汽车构造图

电机转子

电机定子

电机定子绕组

接线端口

雪佛兰沃蓝达车型电机构造图

离合器

差速器

电机

雪佛兰沃蓝达混合动力模块　动力输出

增程式电动汽车工作流程

EV纯电动低速模式：分离离合器接合，离合器1、离合器2分离，发动机停转。齿圈被固定，电机1推动太阳轮转动，行星架因太阳轮的转动而转动，把动力传输到减速齿轮并传递到车轮。

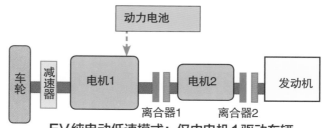

EV纯电动低速模式：仅由电机1驱动车辆

EV纯电动高速模式：离合器1接合，分离离合器、离合器2分离，发动机停转。电机2推动齿圈转动，电机1推动太阳轮转动。齿圈和太阳轮同时转动，带动行星架转动，把动力传到车轮。

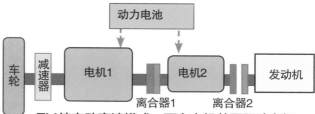

EV纯电动高速模式：两台电机共同驱动车辆

EREV增程电动低速模式：分离离合器、离合器2接合，离合器1分离，发动机运转并推动电机2发电为动力电池充电；同时动力电池为电机1供电推动太阳轮转动。由于齿圈固定，行星架跟随太阳轮转动，把动力传到车轮。

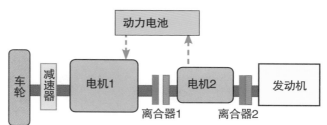

EREV增程电动低速模式：发动机驱动电机2为电池充电，电机1驱动车辆

EREV增程电动高速模式：离合器1、离合器2接合，分离离合器分离，发动机运转。此时，发动机与电机2转子连接后推动齿圈转动的同时还推动电机2发电。电机1推动太阳轮转动。齿圈和太阳轮同时转动，带动行星架转动，从而把动力传到车轮。

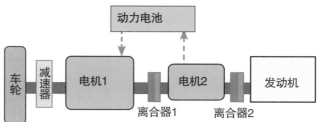

EREV增程电动高速模式：发动机驱动电机2为电池充电的同时，与电机1共同驱动车辆

能量回收模式：分离离合器接合，离合器1、离合器2分离，发动机停转。车轮带动行星架转动，由于齿圈固定，太阳轮随着行星架转动，并带动电机1（作为发电机）发电对动力电池充电。

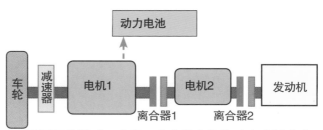

能量回收模式：电机1充当发电机为动力电池充电

第4节　混联式插电式混合动力汽车

混联式插电式混合动力汽车：串联 + 并联

！敲黑板：
串联 + 并联 = 混联

　　混联式插电式混合动力汽车一般都会拥有两台电机和一台燃油发动机。其中一台电机、燃油发动机都可分别独立向汽车提供驱动力（并联关系），而在动力电池的电量不足时，发动机还可以带动另一台电机作为发电机发电，并向电驱动系统供电（串联关系），因此称为混联式插电式混合动力汽车。

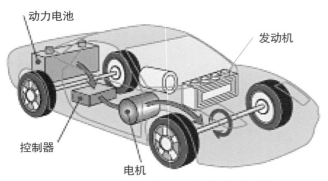

（1）当起步或低速行驶时，汽车依靠电机驱动车轮前进，此时由动力电池向电机提供电能。

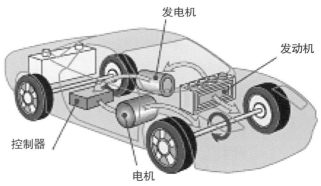

（2）只有当汽车急加速或高速行驶时，或动力电池电量不足时，发动机才参与工作并直接驱动车轮，同时发动机还带动发电机发电并将电能供给电机。此时，电机与发动机共同驱动车轮，使汽车拥有更大的驱动力。

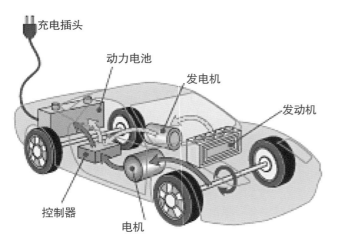

（3）动力电池的电能有三种来源方式：一是当车辆减速或制动时，车轮带动电机旋转，此时电机作为发电机发电；二是发动机直接带动发电机发电；三是外接电源为汽车充电。

混联式插电式混合动力汽车动力系统

上汽集团推出名为EDU的混合动力系统，并应用在荣威eRX5、荣威ei6等插电式混合动力车型上。EDU混合动力系统的最大特点是配备了一台2速变速器。这台变速器相当于一台2速双离合变速器，既具有手动变速器的齿轮传递构造，又具有自动变速的功能，不需要人工操作。在这个2速变速器的两端，分别装备一台电机，其中一台为主电机，功率较大，主要用于动力驱动，另一台功率较小，主要用于发电。这两台电机分别通过离合器与2速变速器相连。

当动力电池中电量较充足并且车辆对扭矩需要适中时，离合器1分离，发动机和发电机不工作，只有主电机工作，离合器2闭合，车辆处于纯电驱动状态。

当动力电池中电量较低、扭矩需要也较低时，离合器1分离，发动机带动发电机发电，向动力电池充电，同时主电机也工作，离合器2闭合，车辆处于纯电驱动状态。

当有较大的扭矩需求时，发动机、发电机和主电机都工作，两个离合器都闭合，车辆处于电力驱动和燃油动力驱动状态。滑行和制动状态下，两个离合器都闭合，在车身惯性的拖动下，主电机与发电机都处于发电状态，共同向动力电池充电。

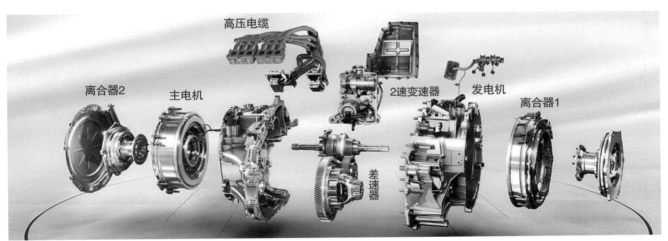

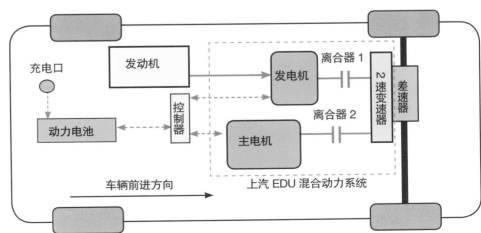

上汽EDU插电式混合动力两驱汽车构造示意图

多电机插电式混合动力四驱汽车

插电式混合动力四驱系统 1

装备一前一后两个电机，其中装备在发动机前端的那个电机功率较小，它不与变速器或减速器相连，不起驱动作用，只起辅助发动机启动、实现自动启停等作用。后电机与减速器相连，在需要时驱动车轮转动。

插电式混合动力四驱系统 2

一前一后两台电机，其中一台电机与发动机集成在一起，另一台电机则单独放置。这种模式最大的特点是可以在前轮驱动、后轮驱动、四轮驱动三种模式间切换。追求加速性能的时候，采用四轮驱动模式；高速行驶时，车辆重心后移，可以后轮驱动，以便拥有更高的效率，达到省电或省油的目的；低速行驶时，前轮驱动有更高的效率，可以采用前轮驱动模式。代表车型：比亚迪的双擎四驱车型（含唐、宋、秦等）、保时捷918 Spyder等。

插电式混合动力四驱系统 3

这是一种三电机四驱插电式混合动力系统，它采用了三台电机，即在变速器的输出轴上增加一台电机，用来直接驱动前轴，从而可以实现在纯电状态下的四轮驱动。

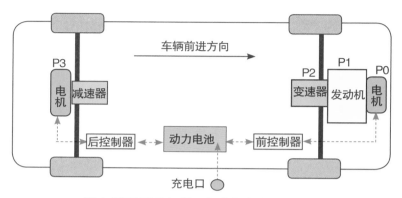

双电机四驱插电式混合动力汽车构造示意图

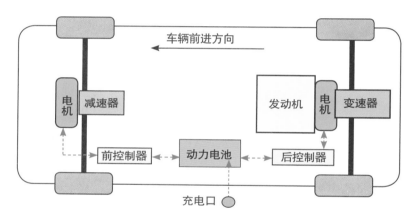

保时捷918 Spyder插电式混合动力汽车构造示意图

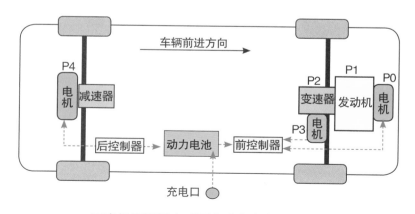

三电机四驱插电式混合动力汽车构造示意图

插电式混合动力汽车与普通混合动力汽车

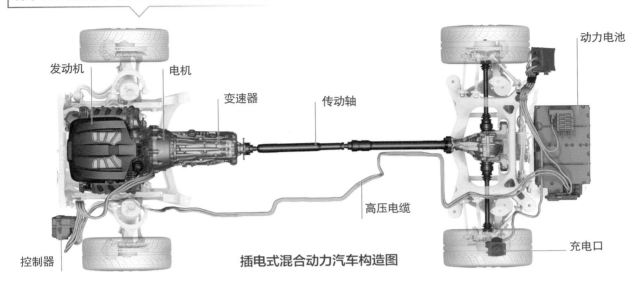

插电式混合动力汽车构造图

（1）普通混合动力（非插电式混合动力）汽车的动力电池容量很小，只是用来储存回收来的能量，并不能进行外部充电；而插电式混合动力汽车的动力电池相对要稍大些，并且可以利用外接电源为电池充电。

（2）普通混合动力汽车不能用纯电模式行驶较长距离，一般仅为数千米；插电式混合动力汽车的动力电池容量相对较大，可以外部充电，满电情况下可以纯电模式行驶数十千米。

（3）普通混合动力汽车的电力驱动系统完全处于辅助地位，极少情况下才会以纯电模式行驶；而插电式混合动力汽车的电力驱动系统虽然也处于次要地位，但它可以纯电模式行驶较长距离，电机功率也相对较大。

（4）相对普通混合动力汽车而言，插电式混合动力汽车的自重更大，制造成本更高，售价也更高。从节能和实用性上来讲，插电式混合动力汽车可能是目前最合适的过渡车型。它不仅具有与燃油汽车相当的续航里程，而且还能使用电能来驱动汽车，可谓是既节能又环保，同时还避免了"里程焦虑症"。

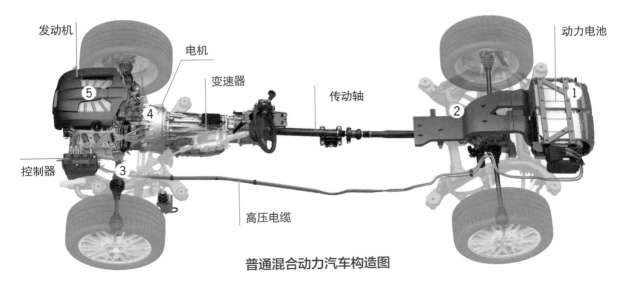

普通混合动力汽车构造图

第9章

燃料电池汽车：自带发电站

第1节　燃料电池汽车构造

燃料电池汽车：边跑边发电

！ 敲黑板：
氢气与氧气进行电化学反应

　　燃料电池汽车（Fuel Cell Vehicle，简称FCV）是一种用车载燃料电池产生的电力作为动力的汽车。

　　燃料电池汽车也是一种完全由电力驱动的电动汽车，但它的电能不是从外接电源获得的，而是利用可以实时发电的车载燃料电池获得的。燃料电池汽车相当于自带一个发电站，边跑边发电。

　　燃料电池汽车一般由燃料电池反应堆、储氢罐、蓄电装置（动力电池或超级电容）、电动机、电控系统等组成。其工作过程可划分为五个步骤：

　　第1步：氢气和氧气被输送至燃料电池系统。

　　第2步：氢气与氧气产生电化学反应，发电和生成水。

　　第3步：燃料电池和动力电池向驱动电机供电。

　　第4步：电机驱动汽车前进。

　　第5步：排出电化学反应生成的水。

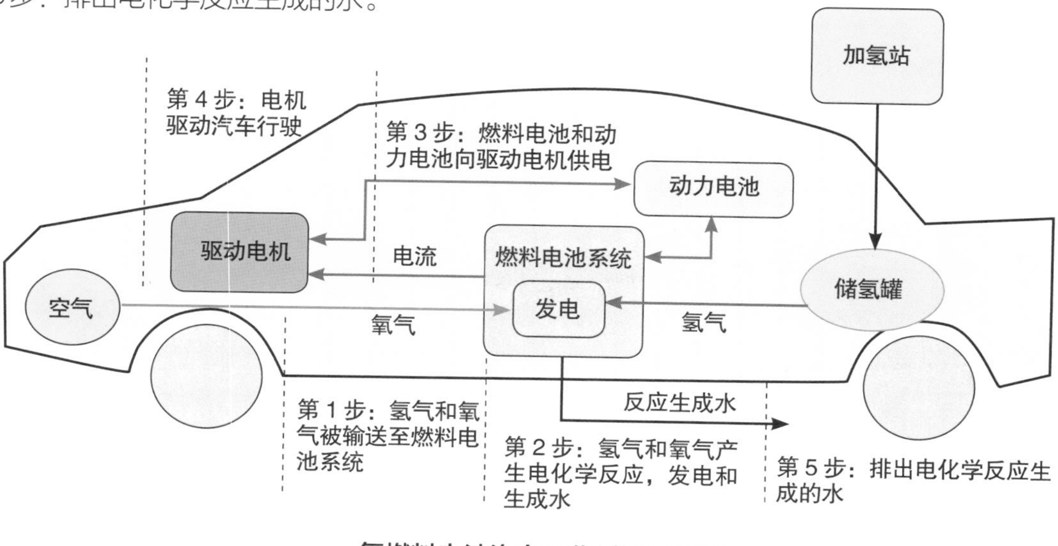

氢燃料电池汽车工作过程示意图

燃料电池混合动力汽车：蓄电池和电容

！敲黑板：
可插电、可储电、可回收能量

　　燃料电池一般由燃料电池反应堆、储氢罐、蓄电装置（动力电池或超级电容）、电机、电控系统等组成。储氢罐向燃料电池堆提供燃料氢，氢在燃料电池堆中与氧气进行电化学反应产生电，然后供电机使用，在电控系统的指挥下驱动汽车前进。当汽车制动或减速时，回收的能量可以储存在动力电池或超级电容中，用来辅助驱动车轮。

　　与纯电动汽车相比，纯燃料电池汽车只是电能来源不一样，而动力传递和驱动部分基本一样。现在的燃料电池汽车还都配有动力电池或超级电容，不仅可以进行能量回收，可以从外接电源充电，而且还能将燃料电池堆多余的电能储存起来。带有动力电池或超级电容的燃料电池汽车又称为燃料电池混合动力汽车。

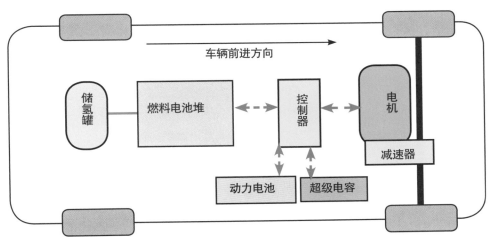

燃料电池混合动力汽车构造示意图

你知道吗？

燃料电池汽车为什么还要装备蓄电装置

　　既然已有燃料电池作为汽车的动力源，为什么还要再准备一个动力电池或超级电容来储存电能呢？主要有两个原因：

　　（1）动力电池或超级电容可以用来储存减速或制动时回收的能量，而燃料电池本身没有储存电能的功能。

　　（2）由于燃料电池是车载实时发电设备，当驾驶人踩加速踏板要急加速时，从控制器监测到加速信息，到燃料电池产生电能，再到电机接收到电力，都需要一个过程，从而造成"加速迟滞"现象，影响车辆性能。如果此时另有储存电能的动力电池或超级电容及时为电动机提供电能，那么就可以克服燃料电池汽车的"加速迟滞"现象。

第2节　燃料电池发电原理

燃料电池发电：电解水的逆反应

!　敲黑板：
氢＋氧→水＋电，或写为 $2H_2+O_2 = 2H_2O$

　　燃料电池是一种不燃烧燃料而直接以电化学反应方式将燃料的化学能转变为电能的高效发电装置。其发电的基本原理是：电池的阳极(燃料极)输入氢气(燃料)，氢分子（H_2）在阳极催化剂的作用下被离解成为氢离子（H^+）和电子（e^-），H^+穿过燃料电池的电解质层向阴极(氧化极)方向运动，电子因通不过电解质层而由外部电路流向阴极；在电池阴极输入氧气（O_2），氧气在阴极催化剂的作用下离解成为氧原子（O），与通过外部电路流向阴极的电子和燃料穿过电解质的H^+结合生成稳定结构的水（H_2O），完成电化学反应放出热量。

$$2H_2+O_2 = 2H_2O$$

　　这种电化学反应与氢气在氧气中发生的剧烈燃烧反应是完全不同的，只要阳极不断输入氢气，阴极不断输入氧气，电化学反应就会连续不断地进行下去，电子就会不断地通过外部电路流动形成电流，从而持续地向汽车提供电力。

　　燃料电池与锂离子蓄电池等迥然不同，虽然其结构也是由正极、负极和电解液构成，但它并不储存电能，不是"蓄电池"，而是"发电池"，它利用供给的燃料（氢）不停地发电。

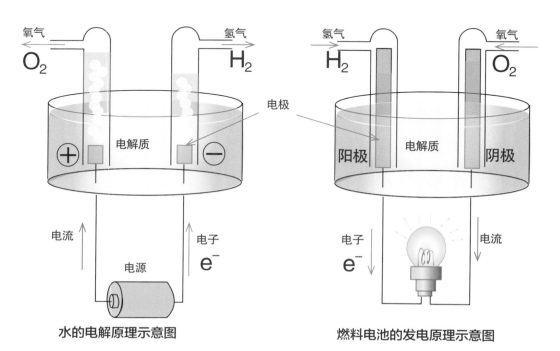

水的电解原理示意图　　**燃料电池的发电原理示意图**

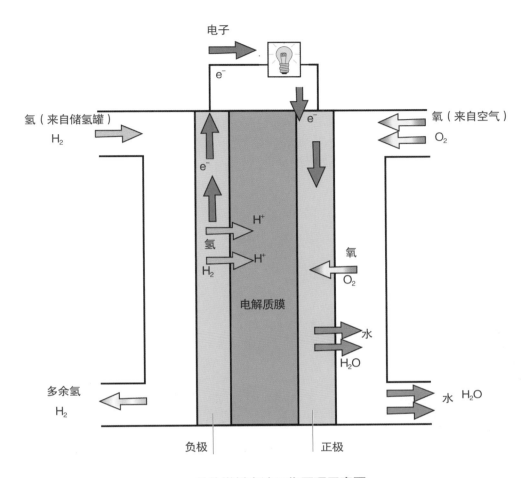

电子

e⁻

氢（来自储氢罐）
H₂

e⁻

氧（来自空气）
O₂

e⁻

H⁺

氢
H₂

H⁺

氧
O₂

电解质膜

水
H₂O

多余氢
H₂

水 H₂O

负极

正极

单体燃料电池工作原理示意图

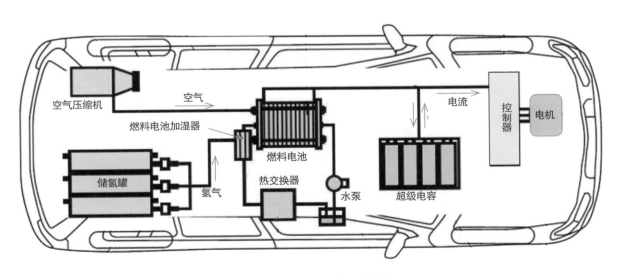

空气压缩机

空气

电流

控制器

电机

燃料电池加湿器

燃料电池

超级电容

储氢罐

氢气

热交换器

水泵

燃料电池汽车构造示意图

131

典型燃料电池汽车图解

　　丰田Mirai是世界上真正量产销售的第一款燃料电池汽车。Mirai上实际有两套电池：一套位于车身中部，为高分子电解质燃料电池组，是整车的核心部件，负责使氢气和氧气在催化剂的作用下产生电能；另一套为镍氢动力电池，位于行李舱下面，它可以储存燃料电池发的电，负责为车内电气设备供电以及保障低速时的纯电动运行。此外，能量回收系统也将减速和制动时回收的能量储存到镍氢动力电池中。由于没有真正的能源燃烧，Mirai的氢气能量转化效率达到了60%，比传统内燃机高一倍。在整车性能方面，燃料电池最大输出功率为114kW，功率输出密度为3.1kW/L。Mirai配置了一台交流同步电机，最大输出功率为113kW，峰值扭矩为335Nm，其扭矩表现接近2.0T发动机。Mirai的续航里程达到650km，同时完成单次氢燃料补给仅需约3min。

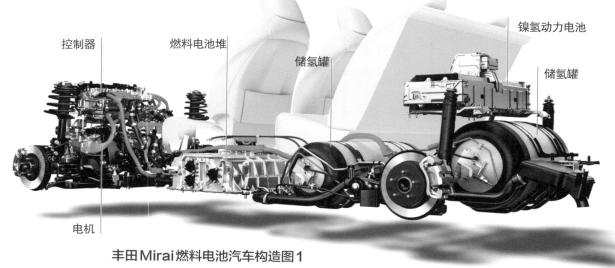

丰田Mirai燃料电池汽车构造图1

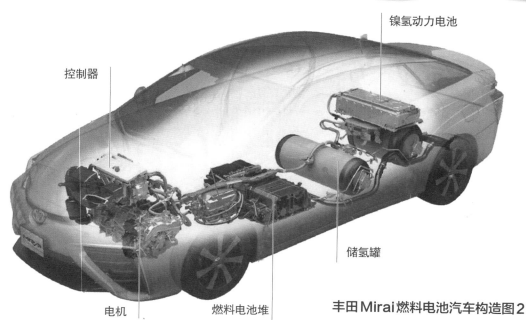

丰田Mirai燃料电池汽车构造图2

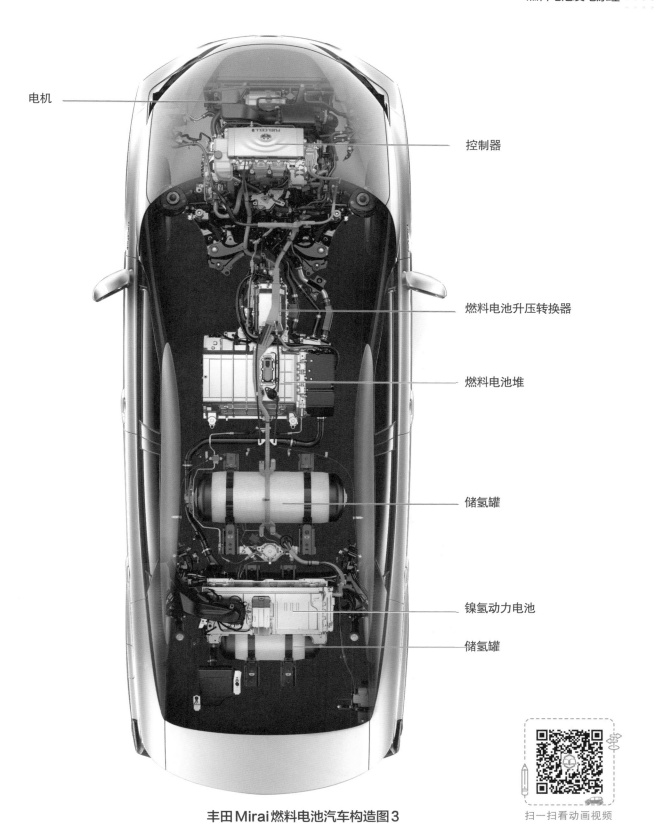

电机

控制器

燃料电池升压转换器

燃料电池堆

储氢罐

镍氢动力电池

储氢罐

丰田Mirai燃料电池汽车构造图3

扫一扫看动画视频

燃料电池汽车构造图解

奥迪A7 Sportback h-tron quattro概念车一前一后装置了两台电机，分别驱动前轴和后轴。而且在车前部装置了燃料电池，后部则装置了动力电池。

燃料电池由300多个单体电池组成，总电压为230~360V。在燃料电池模式下，车辆仅需大约1kg的氢就能行驶100km，产生的能量相当于3.7L汽油，加满4个储氢罐（大约5kg的氢气），只需要3min，与汽油车的加油时间相差无几。

后面的动力电池可以通过外接电源进行充电，也可以储存燃料电池的电能以及制动和减速时回收的电能。它的容量为8.8kWh，位于行李舱的下方，可为车辆额外提供大约50km的续航里程。

一前一后两台电机的输出功率都是85kW，在两台电机的共同作用下，车辆的最大扭矩可达540Nm，从静止加速到100km/h仅需7.9s，最高车速可达180km/h。

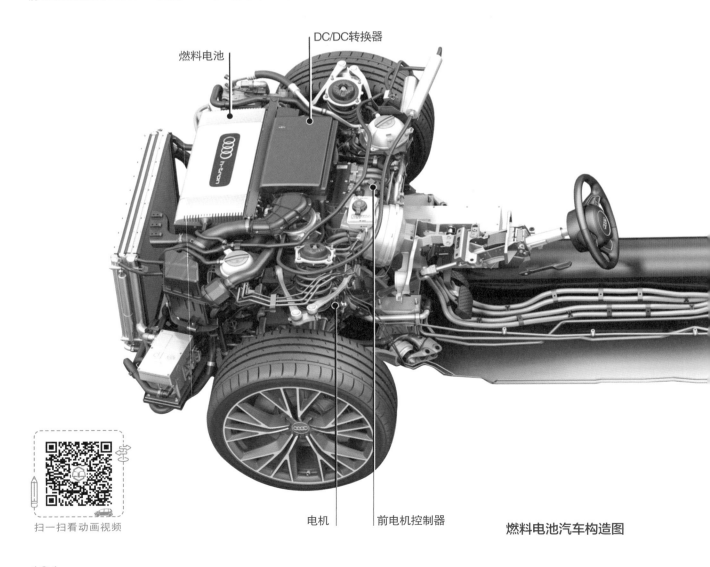

燃料电池　　DC/DC转换器

电机　　前电机控制器　　　　　　　　　　**燃料电池汽车构造图**

扫一扫看动画视频

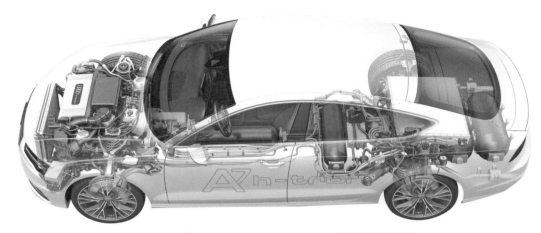

燃料电池汽车

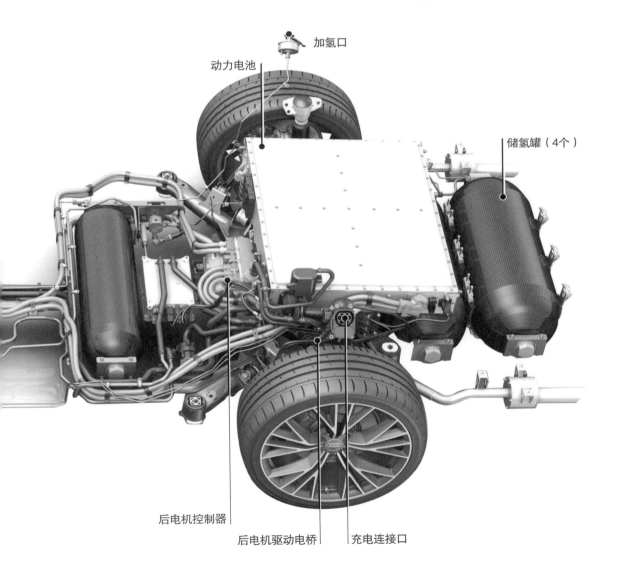

加氢口

动力电池

储氢罐（4个）

后电机控制器

后电机驱动电桥

充电连接口

燃料电池汽车动力系统图解

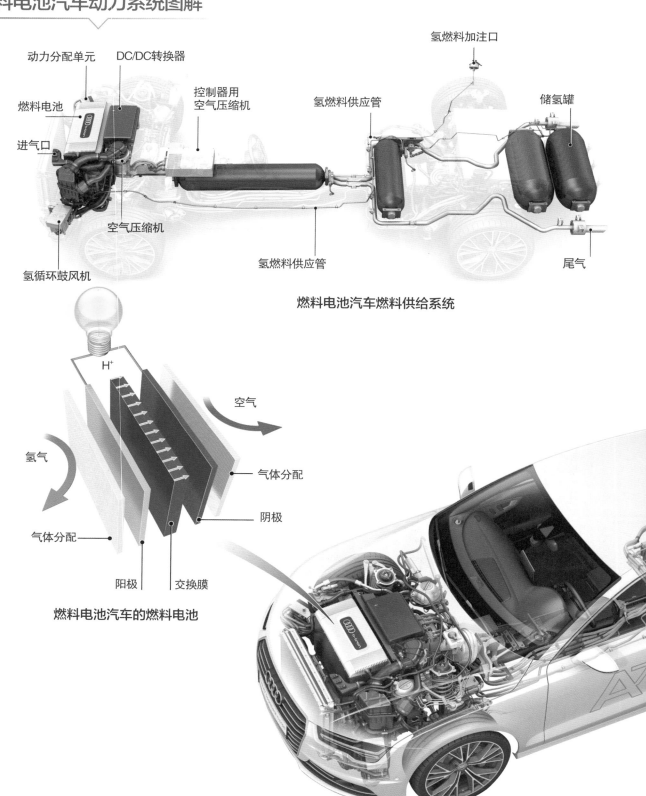

动力分配单元　　DC/DC转换器

燃料电池

进气口

空气压缩机

氢循环鼓风机

控制器用
空气压缩机

氢燃料加注口

氢燃料供应管

储氢罐

氢燃料供应管

尾气

燃料电池汽车燃料供给系统

H⁺

空气

氢气

气体分配

阴极

气体分配

阳极　　交换膜

燃料电池汽车的燃料电池

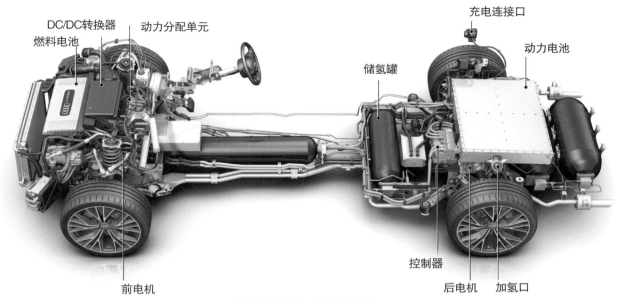

燃料电池汽车底盘构造图

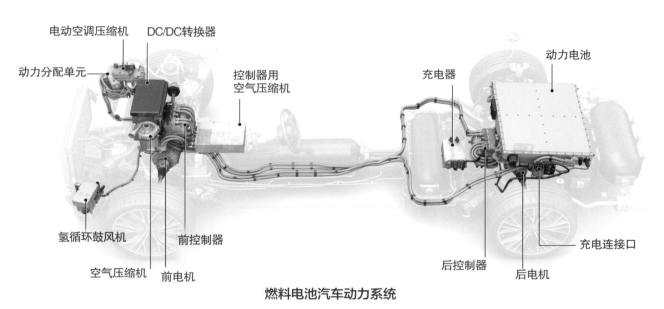

燃料电池汽车动力系统

你知道吗？

谁在制约燃料电池汽车的发展

影响燃料电池汽车发展的最大因素是制造成本。燃料电池要使用贵金属铂、钯等作为催化剂涂在质子交换膜的两边，而且质子交换膜及石墨双极板的加工成本也非常高，这些因素导致燃料电池的成本为内燃机成本的 10~20 倍。同时氢燃料的制造成本也非常高。

第 10 章

智能电动汽车：聪明的车

第1节　谁是智能电动汽车

智能汽车： 三大关键技术

！ 敲黑板：
自动驾驶 / 智能座舱 / 车联网

　　就像手机从功能机发展到智能机一样，汽车也正从功能化向智能化发展。智能汽车应拥有"自动驾驶"、"智能座舱"和"车联网"等关键技术。汽车的智能化功能主要包括：

　　（1）能够替代人来操作车辆，使车辆按照人的意愿到达目的地（自动驾驶）。

　　（2）能够自动分析车辆行驶的安全及危险状态并自动避让（自动驾驶）。

　　（3）能够实现完全智能化的车内操作（智能座舱）。

　　（4）能够通过车载传感系统和信息终端实现与人、车、路等智能信息交换（车联网）。

　　燃油汽车和电动汽车都可以实现智能化，一般把具有智能化功能的电动汽车称为智能电动汽车。

智能汽车级别：汽车智商评价

！ 敲黑板：

逐步转让驾驶权

自动驾驶功能是汽车的最重要智能化体现，因此一般按自动驾驶技术水平高低来划分智能汽车的智能级别。国内将自动驾驶技术水平划分为6个级别，从L0到L5，自动驾驶技术水平逐步提高，实际上是将驾驶权限逐步转让，直到最高级别的无人驾驶。

"无人驾驶"

L5级

完全自动驾驶：在全道路和全天候下，可由车辆完成所有驾驶操作，车内所有乘员可以从事其他活动甚至睡眠，不需要任何人员监控车辆的行驶状态。

"脱脑"

L4级

高度自动驾驶：由车辆完成所有驾驶操作，驾驶人无须保持注意力来监控车辆及周围情况，但对道路和环境条件还有一定的要求。

"脱眼"

L3级

条件自动驾驶：车辆能够在大部分时间内代替驾驶人操作，但仍需驾驶人对车辆的运行状态进行监控，在必要时仍需要驾驶人接管车辆的操控。

"脱手"

L2级

部分自动驾驶：在驾驶人收到警告却未能及时采取相应行动时，车辆能够自动进行干预，如自适应巡航控制、车道保持、自主变道等。

"脱脚"

L1级

辅助驾驶：车辆配备一些驾驶辅助系统，如定速巡航控制系统、变道警告系统等。

"脑眼手脚"

L0级

人工驾驶：完全由驾驶人操作车辆。

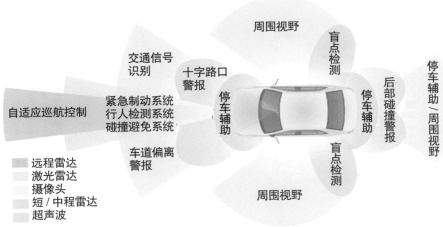

自动驾驶汽车传感器示意图

第 2 节　自动驾驶技术

自动驾驶系统：机器人司机

扫一扫看动画视频

! 敲黑板：

感知＝眼睛，决策＝大脑，执行＝手脚

　　自动驾驶是指利用电子信息与自动控制技术，辅助或替代驾驶人对汽车进行控制的技术，它的基本原理是通过各种环境感知系统（如摄像头、测距雷达、激光雷达、超声波传感器、GPS 和惯性测量单元等）来感知周围环境，收集驾驶信息、车辆信息和道路信息，经控制单元运算决策后，指令控制执行系统（如动力控制、车身控制、安全控制等）操纵汽车的方向、制动和加速等，使汽车能够具备一定的辅助驾驶和自动驾驶功能。

　　自动驾驶系统主要由感知系统、决策系统和执行系统组成。自动驾驶系统就像是一位专职驾驶员，而这三大系统分别像是驾驶员的眼睛、大脑、手脚。

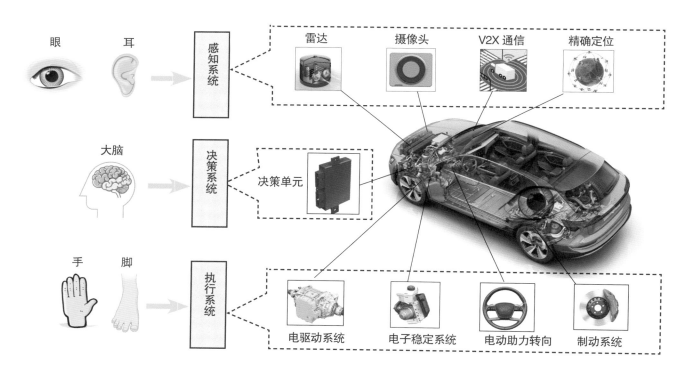

自动驾驶工作原理架构示意图

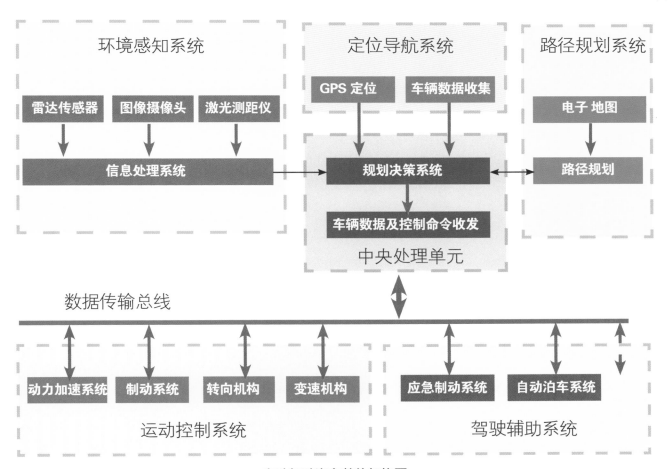

自动驾驶汽车整体架构图

自动驾驶感知系统示意图

141

感知系统：智能汽车的"眼睛"

！ 敲黑板：
毫米波雷达、激光雷达、摄像头、超声波

汽车实现自动驾驶首先需要能够"看见"周围环境，并对环境内的各种静态、动态物体有一定的认知，这个过程便是自动驾驶的"感知"，感知需要依赖安装在车体上的各种传感器实现，例如摄像头、激光雷达、毫米波雷达等。

毫米波雷达

雷达（Radio Detection and ranging，RADAR）是指"利用电磁波探测和定位"。毫米波雷达是指工作频段在毫米波频段的雷达，它也是一种主动传感器。由于雷达波在空气中传播的速度是固定不变的，那么金属物体反射回来的时间与物体间的距离就成正比，只要计算出反射回来的时间，就能确定发射点离物体之间的距离。利用这个原理，汽车上装备的雷达就可以检测到周围是否有其他车辆，以及其他车辆离发射点的距离。

由于金属物体能够像"回声"那样将大部分雷达波反射回来，因此可以用雷达来测量车与车之间的距离。而塑料等非金属物体几乎不能反射雷达波，因此雷达无法侦测非金属物体的位置数据。

毫米波是指30 ~ 300GHz频域（波长为1 ~ 10mm）的波段。毫米波雷达可以实现在1m范围内探测到物体，但它的空间分辨率较低，随着距离增加，对于小特征的分辨能力降低。不过毫米波雷达利用多普勒频移可以直接测量速度，同时在黑暗、雨、雪、雾天气下均能保持良好的鲁棒性。毫米波雷达对物体的分类性能较差，无法识别如车道线、交通标识等二维结构。

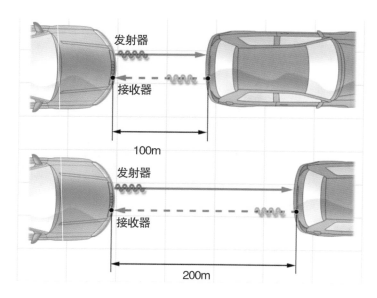

雷达测量车间距离原理示意图

激光雷达

激光雷达(LiDAR)是一种主动传感器，通过发射红外激光并接收反射光的方式判断物体距离，分析目标物体表面的反射能量大小、反射波谱的幅度、频率和相位等信息，输出点云，从而呈现出目标物精确的三维结构信息。

激光雷达是由激光发射单元和激光接收单元组成，发射单元的工作方式是向外发射激光束层，层数越多，精度也越高，不过这也意味着传感器尺寸越大。发射单元将激光发射出去后，当激光遇到障碍物会反射，从而被接收器接收，接收器根据每束激光发射和返回的时间，创建一组点云，高质量的激光雷达，每秒可以发出200多束激光。

目前主要使用波长为905nm和1550nm的激光发射器。波长为1550nm的光线不容易在人眼液体中传输，可在保证安全的前提下提高发射功率。

激光雷达的视距范围一般为30～200m，对于特别近的物体很难探测到。它的空间分辨率较高，角度精

1550nm 激光雷达

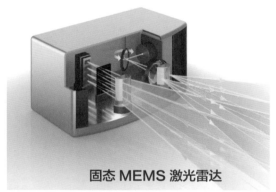

固态 MEMS 激光雷达

激光雷达识别路况效果示意图

度可达0.1°，但速度测量精度较低。它在黑暗中鲁棒性好，但在雨、雪、雾天气下鲁棒性差。它能对物体进行大致分类，但无法识别二维结构。相较于毫米波雷达和摄像头，激光雷达在探测距离、可靠度、行人判别、夜间出行等方面都更有优势。通过配备激光雷达，可增强感知系统的冗余性，有效提高车辆的行驶安全性。

摄像头

摄像头是一种被动传感器，通过被动感光成像来进行识别感知。摄像头的工作原理是：目标物体通过镜头生成光学图像投射到图像传感器上，光信号转变为电信号，再经过A/D（模数转换）后变为数字图像信号，最后送到数字信号处理芯片（DSP）中进行加工处理，并传送到运算决策系统，作为判断车辆运行环境的信息。

摄像头具有成本低、算法及技术成熟度高、物体识别率高等优点，在分辨维度上多于激光雷达和毫米波雷达，可以同时识别到物体颜色等信息，通过物体在图像上的时空信息可以计算速度，同时对物体的分类多样性更强，且能够识别车道线等二维结构，但其缺点是受天气、光照变化影响大，极端恶劣天气下摄像头会失效，其测距、测速性能不如激光雷达和毫米波雷达。

超声波传感器

非金属物体不能反射雷达发射的电磁波，因此，真正的雷达并不适合检测车辆周围障碍物，如树木、石头、人和动物等。雷达在汽车上只适合检测车辆之间的距离。

科学家们将每秒振动的次数称为声音的频率，它的单位是赫兹(Hz)。我们人类耳朵能听到的声波频率为20~20000Hz。因此，把频率高于20000Hz的声波称为超声波。

超声波检测障碍物的原理与雷达近似，是根据超声波反射回来的时间来确定汽车与障碍物间的距离。超声波在空气中的传播速度约为340m/s。安装在保险杠上的发射器向某一个方向发射超声波，在发射的同时开始计时。超声波碰到障碍物时会被反射，接收器收到反射波就停止计时。根据计时器记录的时间，系统就会自动计算出发射点与障碍物之间的距离，并将距离显示在倒车影像上，或以蜂鸣声的急促程度来提示离障碍物的距离。

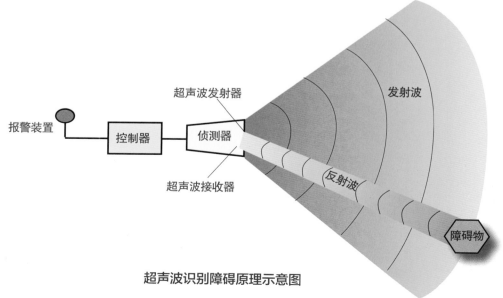

超声波识别障碍原理示意图

感知方案之争：纯视觉 VS 多传感器融合

！ 敲黑板：

适合自己的，就是最好的

目前主流的感知方案有两种，一种是多传感器融合方案，即同时使用摄像头和雷达采集信息，分别利用摄像头和雷达特点，处理各自擅长的数据类型和任务，并将处理结果进行融合，得到统一的感知结果；另一种是以特斯拉为代表的纯视觉路线，即仅使用摄像头作为传感器进行信息采集，构建纯计算机视觉网络进行感知结果输出，类似于人眼的感知模式。

激光雷达看得远看得清，但看不见近处，是个远视眼，拥有夜视能力，但对恶劣天气无能为力，同时只能看见三维结构，看不见二维平面结构；毫米波雷达是能看远也能看近，但越远越看不清楚，是个近视眼，不仅拥有夜视能力，而且拥有恶劣天气条件下能看见的超能力，不过同样看不见二维平面结构；而摄像头仅凭自身能力很难准确判断距离，但有算法加持，可以发展出这项能力，且摄像头能看见更多的信息，包括车道线等二维结构、物体分类、颜色等，是个超级眼，但在光线不佳、有雨雪雾等恶劣环境下，能力存在短板。

鉴于以上各传感器的特性，目前多传感器融合路线的思路是各取所长，通过激光雷达在各种光照条件下探测距离并完成物体形状分类，通过毫米波雷达探测附近物体距离并保障自动驾驶感知在恶劣天气条件下的鲁棒性，通过摄像头识别物体细致分类及车道线、交通标识、信号灯等参与交通必须掌握的信息。

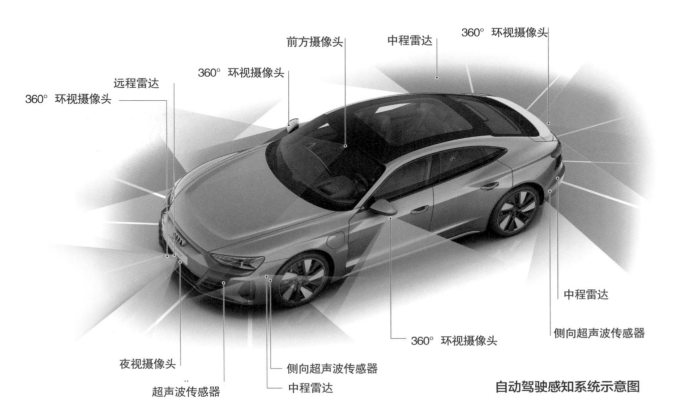

自动驾驶感知系统示意图

第3节　驾驶辅助系统

驾驶模式选项：满足个性驾驶需求

！ 敲黑板：

自动调节车辆性能

　　在传统汽车上，当调校驾驶性能时，往往必须在各性能之间有所取舍，驾驶人通常很难同时兼顾舒适性与运动性。驾驶模式则可以协助驾驶人对发动机、自动变速器、转向系统、悬挂系统等进行调节，从而选择自己喜欢的驾驶风格。

　　"运动"模式：变速器各挡位对应的发动机转速较高，以便变速器输出较大的扭矩，使加速能力更强；悬挂性能更"硬朗"，还可以降低车身高度，以提高行驶稳定性；转向反应更直接。

　　"舒适"模式：悬挂阻尼减小，底盘减振效果更佳；转向更加轻盈；加速反应也比较轻柔。

　　"自动"模式：根据行驶情况及道路条件自动调节发动机、变速器、转向和悬挂等性能。

　　"个性"模式：驾驶人可设定发动机、变速器、转向和悬挂等性能，满足个人驾驶风格要求。

驾驶模式可调节性能项目

全地形响应系统：老司机替你开车

！ 敲黑板：

整合多个驾驶系统

全地形响应系统本身并不是一个四驱装置，它只是具有整合功能，它按照不同地形的行驶要求将车辆上与行驶有关的系统进行整合、协调，帮助驾驶人最合理地操作车辆。它相当于为驾驶人配备的副驾高手。当然，这些整合和协调方式都是设计者根据驾驶高手或越野专家的实际经验而科学设定的。

当驾驶人选择好对应的行驶模式后，与行驶有关的多个系统就会自动调节到相应运行状态，这些系统包括发动机管理、分动器（中央差速器）、差速器锁止装置、电子限滑系统、自动变速器、制动系统、空气悬挂等。

为了更精准地满足行驶要求，全地形响应系统整合有一些电子控制系统，如路虎全地形响应系统整合的电子系统包括车身稳定控制系统(Dynamic Stability Control，DSC)、电子循迹控制(Electronic Traction Control，ETC)、陡坡缓降控制(Hill Descent Control，HDC)、坡度释放控制(Gradient Release Control，GRC)、爬坡起步辅助(Hill Start Assist，HSA)、侧倾稳定控制系统（Roll Stability Control，RSC)、空气悬挂高度调节系统等。

全地形响应系统会帮你调节和掌控发动机、变速器、四驱系统、制动系统以及悬挂系统等。即使你是一位越野新手，全地形响应系统也能让你像老练的越野高手那样驾驶车辆。比如，在沙地上行驶的时候，作为一位老练的越野高手，他就会锁上中央差速锁、关闭车身稳定系统或ESP、选择合适的挡位等。对于越野新手来讲，如果某一项选择错误，就有可能导致陷车，而对于装备全地形响应系统的车辆来说，驾驶人只要按照地形条件选择好既定模式后，你要做的只是扶好转向盘、掌控好加速踏板即可，其他的事情都交由全地形响应系统来处理。

雪地模式：冬季湿滑路面、冰雪路面

拖挂车模式：优化在牵引拖车情况下的起步、转弯和制动

驾驶模式选择钮

越野模式2：具有崎岖路段的挑战性越野地形

运动模式：在蜿蜒道路上更加冒险和动态地驾驶

自动模式：日常驾驶

越野模式1：适合轻度越野，如在松土、砂砾路面上行驶

驾驶模式操作标识

定速巡航系统：车速闭环控制

！ 敲黑板：
反馈控制技术

定速巡航系统（Cruise Control System，CCS)也称巡航控制系统，是较早的驾驶辅助系统。它可以减轻驾驶人的疲劳，不需驾驶人踩加速踏板，汽车就能保持固定速度前进。

定速巡航系统是一个车速闭环控制系统，也称反馈控制或自动控制。反馈控制应用广泛，从抽水马桶到火箭发射，再到管理科学，都离不开反馈控制理论。具体到定速巡航控制上，它不断地将实际车速与驾驶人设置的车速进行比对，一旦发现有偏差就会发出调整动力输出的指令，使实际车速与设置车速尽量一致。比如，车辆上坡时速度下降，车速传感器发来的车速比设置车速低，控制单元将发指令给伺服执行机构，加大动力输出，以保持车速；下坡时实际车速比设置车速高，控制单元将发出指令，减小动力输出，以保持车辆按设置速度行驶。

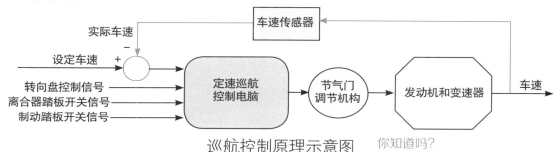

巡航控制原理示意图

你知道吗？

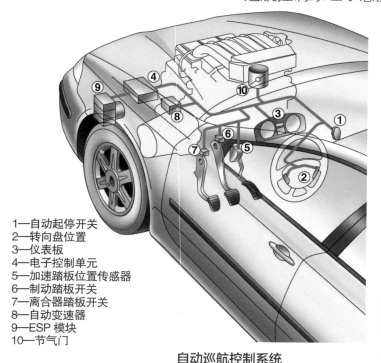

1—自动起停开关
2—转向盘位置
3—仪表板
4—电子控制单元
5—加速踏板位置传感器
6—制动踏板开关
7—离合器踏板开关
8—自动变速器
9—ESP 模块
10—节气门

自动巡航控制系统

定速巡航系统工作过程

① 驾驶人开启定速巡航控制系统，设置想要匀速行驶的车速值。

② 轮速传感器采集车轮转速的实时信号，经 ABS 模块运算处理加工成车速的实时信息。

③ 电子控制单元（ECU）将车速设定值和实时车速进行比较后，发出调整发动机节气门开度的指令。

④ 调整节气门开度，从而调节动力输出，控制车速，使其稳定在驾驶人预先设置的车速上。

⑤ 根据不断变化的实时路况导致的行驶阻力的变化，不断地调整节气门开度，以保持恒定的车速。

高级驾驶辅助系统（ADAS）：智能驾驶核心技术

！ 敲黑板：

感知＋决策＋执行

高级驾驶辅助系统（Advanced Driving Assistance System，ADAS）大致可以分为三个部分：环境感知、运算决策和控制执行。

环境感知是利用安装在车上的各种传感器（毫米波雷达、激光雷达、单／双目摄像头以及卫星导航等传感器），在汽车行驶过程中实时感应周围的环境，收集行车数据，进行静态、动态物体的辨识、侦测与追踪。

运算决策是对感知到的信息进行系统的运算与分析，输出执行指令。

控制执行系统是提醒驾驶者或者主动控制车辆的前进、制动和转向。

ADAS常见功能包括：自适应巡航系统（ACC）、自动紧急制动系统（AEB）、变道警告系统（LCW）、车道保持系统（LKA）等。

ACC 自适应巡航控制系统

自适应巡航控制系统（Adaptive Cruise Control，ACC）是一种智能化的自动控制系统，它是在定速巡航控制技术的基础上发展而来的。在车辆行驶过程中，安装在车前部的车距传感器（毫米波雷达）持续扫描车辆前方道路，同时轮速传感器采集车速信号。

当与前车的距离小于设定值时，ACC控制单元通过与制动防抱死系统、发动机控制系统协调动作，使车轮适当制动，并使发动机的输出功率下降，保证与前方车辆始终保持设定的车距。

当与前车之间的车距超过设定值时，ACC控制单元就会控制车辆按照设定的车速巡航行驶。当前车停止时，本车可跟停，并跟随起步。

自适应巡航控制系统（ACC）示意图

自动紧急制动系统（AEB）

自动紧急制动系统（简称AEB）包含毫米波雷达、摄像头和其他感知传感器，实时检测自身的速度以及前方车辆的距离和速度，并将与前车距离和设定的距离进行比较。当监测到与前车距离小于设定值时，将发出警告声以提醒驾驶员注意距离。如果驾驶员不响应，距离继续变小时则将主动施加制动，以防止与前车碰撞。

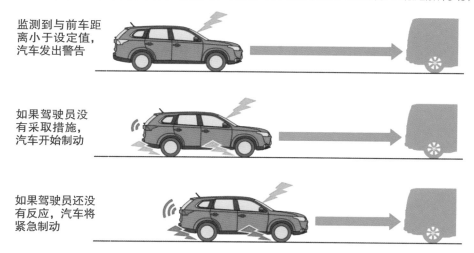

监测到与前车距离小于设定值，汽车发出警告

如果驾驶员没有采取措施，汽车开始制动

如果驾驶员还没有反应，汽车将紧急制动

自动紧急制动系统（AEB）示意图

变道警告系统（LCW）

行车中的许多危险都发生在变道并线中，因为此时在车辆的两侧后方都存在盲区，如果驾驶人没有仔细观察就匆忙变道并线，就很可能与侧后方车辆撞在一起。当驾驶人拨转向灯准备变道时，变道警告系统（Lane Change Warning）借助雷达波束监控车辆两旁和后方的行驶区域，如果监控区域内有车辆或者有车辆正在高速驶近，就通过点亮后视镜上的警告灯来提示驾驶人。如果此时驾驶人没有注意到这些情况并打开了转向灯准备变道，变道警告系统就会发出高亮度闪烁警告，提醒驾驶人此时变道会非常危险。变道警告系统也称换道辅助系统、盲点监测系统、并线提醒系统等。

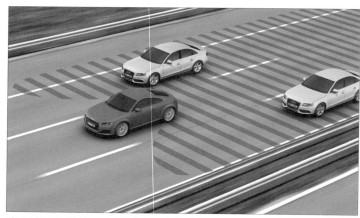

变道警示系统可以监测到车辆侧方及后方的来车情况，及时提醒驾驶人注意来车

当装在车尾部的雷达监测到侧后方有来车时，车外后视镜上的 LED 警示灯就会发出亮光，提醒驾驶人注意来车

车道保持系统（LKA）

车道保持系统的功能是当行车轨迹偏离车道中心线时会自动给予纠正，但在驾驶人打开转向灯时则不予以纠正。

车道保持系统应用的前提是车辆必须配备电动助力转向系统（EPS），另外还要在前窗玻璃上端安装数字式摄像头，实时拍摄前方道路上的车道线。拍摄的图像由电子控制单元进行实时处理分析。如果发现行驶路线偏离车道中心线并超过设定的偏离值，而且又没有打转向灯，电子控制单元就会向 EPS 发出指令对转向盘施加一定的力（这要依靠电动助力转向系统），从而对车辆的行驶方向进行纠正，让车辆保持在车道中间行驶。

当车辆偏离车道时，车道保持系统会向转向盘施加一个较小的转向力，从而纠正行驶方向，让车辆回到正道上

车道保持系统（LKA）示意图

车道保持系统工作过程图解

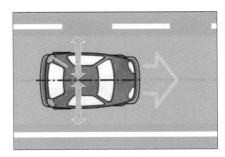

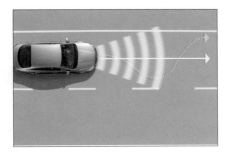

（1）摄像头拍摄车道线影像，经过电脑软件的分析，寻找车道边界线

（2）识别出两侧的车道边界线，计算车道宽度和车道曲率，得出一个虚拟车道

（3）虚拟车道的宽度取决于车道线的实际宽度，但它始终小于车道线的宽度（图中绿色部分）

（4）在弯道上，虚拟车道更接近弯道内侧的车道线

（5）如果驾驶人未开启转向灯而驶离虚拟车道，车道保持系统就会自动施加转向修正动作

（6）施加转向修正的转向力矩的大小取决于车辆与车道线的行驶角度

第4节　智能座舱

智能座舱： 人工智能的空间

！敲黑板：

　　人工智能 + 车联网

　　智能座舱技术是建立在人工智能和车联网基础上的智能化人机交互技术，而智能座舱是指可以与人、路、车本身进行智能交互的座舱。智能座舱技术构成主要包括人机交互系统、环境控制系统、影音娱乐系统、信息通信系统、导航定位系统等。目前智能座舱的主要硬件配置包括流媒体后视镜、抬头显示（HUD）、电子后视镜等。智能控制系统主要包括语音识别、人脸识别、触摸识别、生物识别等。

　　主要硬件配置

　　流媒体后视镜： 通过车辆后置的一枚摄像头，实时拍摄车辆后方的画面，能够将无损、无延迟的画面在车内后视镜显示屏上呈现出来。

　　抬头显示（HUD）： 可以把重要的信息映射在风挡玻璃上，使驾驶员不必低头就可以看清重要汽车信息，包括导航、车速等。

　　智能控制系统

　　座舱操作系统： 车载操作系统是管理和控制车载硬件与车载软件资源的系统软件。就像 Windows、安卓以及 iOS 系统一样，车载操作系统即是用户操作驾驭汽车的接口，同时也是让车载硬件与控制软件、相关数据及第三方应用连接的平台。

　　远程升级（OTA）： 通过网络自动下载升级包并安装，实现对车辆功能和性能的升级。

　　驾驶员监测系统（DMS）： 检测驾驶员出现疲劳及其他异常驾驶状态的辅助设备。

　　语音操作助手： 利用人工智能技术，识别驾驶员的语音后按指令完成操作。

　　手势操作助手： 利用人工智能技术，识别驾驶员的手势动作后，完成指定操作。

远程升级（OTA）：汽车也可以再生长

! 敲黑板：
上网 + 下载 + 安装

　　智能汽车上的"远程升级"（OTA）是英文"Over-The-Air Technology"的简称，意为"空中下载技术"。具备OTA功能的汽车，可以通过网络传输系统实现对软件进行远程管理、对硬件功能进行远程修补等。而这些升级和修补的传统做法是必须到汽车制造商指定的4S店才能完成，而现在就像是电脑或手机升级一样，只要上网下载安装包并安装，就可以完成各种升级和服务。

　　OTA升级和更新范围涉及人机交互界面、自动驾驶功能、动力系统控制、电池管理系统等模块，可以提升续航里程、提高最高速度、提升乘坐舒适度、修补软件漏洞等。

　　OTA最早出现在汽车上是在2012年，特斯拉 Modes S率先采用OTA技术，开始对地图、音乐等车载信息系统进行升级。从2015年开始，特斯拉OTA开始对电子器件功能进行升级，包括动力系统、自动驾驶系统，以及多个域控制器和域控制器之下的ECU等。

　　汽车OTA分为软件升级（SOTA）和固件升级（FOTA）两种方式。SOTA像是为电脑操作系统"打补丁"做迭代升级，多应用于多媒体系统、车载地图以及人机交互界面等功能。而FOTA是通过网络升级，去下载一个新的固件镜像或修补现有的固件，从而达到改善汽车硬件功能的作用。

　　OTA的升级方式和我们手机更新APP以及系统升级一样。第一步：下载升级包；第二步：传输更新包；第三步：安装更新。当驾驶员停车并且点火钥匙关闭时，信息娱乐系统显示屏上会弹出一条消息，以通知用户更新并询问用户是否要立即安装（同时会给出大约时间）。大多数升级都可以在几分钟内完成，但也有可能长达一夜的升级。就像手机更新一样，一些车型要求电池电量至少为50%。升级过程和手机升级系统一样，按对话框操作即可。在升级完成后，信息娱乐系统上会显示一条消息，告诉您更新是否安装成功。

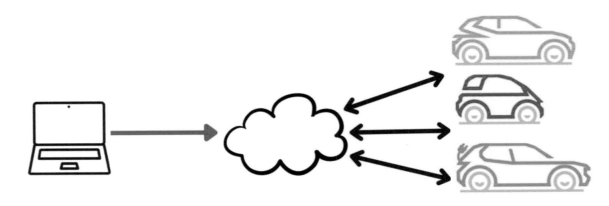

汽车制造商 OTA 管理后台　　　使用移动通信将 OTA 云服务信息传输给要升级的车型　　　车辆下载安装包并回馈发送对话信息

抬头显示（HUD）：为了不低头

光学映射技术

抬头显示（Head-Up Display, 简称HUD）也称平视显示系统，它默认显示行车速度、导航、转向以及自适应巡航（ACC）等相关信息。驾驶人几乎不需要低头观看仪表板就能了解行车和导航信息，极大地提高了行车的安全性。

HUD的构造主要包括两个部分：资料处理单元与影像显示装置。资料处理单元将行车各系统的资料如车速、导航等信息整合处理之后，转换成预先设定的符号、图形、文字或者数字的形态输出；影像显示装置安装在仪表板上方，接收来自资料处理单元的信息，然后投射在前窗玻璃的全息半镜映射信息屏幕上。如下图所示，显示内容先被投射在固定矫正镜上，然后反射到旋转矫正镜，再投射到前窗玻璃上，最后在驾驶人面前一定距离显示模拟图像。

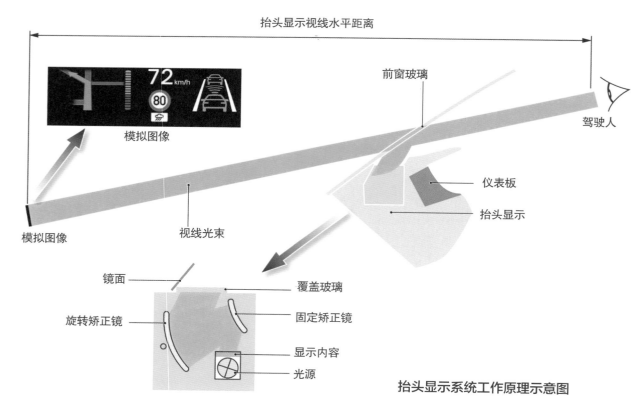

抬头显示系统工作原理示意图

第5节　车联网

车联网：人、车、路一网打尽

！敲黑板：
汽车上网了

车联网技术主要是指车与云平台（V2I）、车与车 (V2V)、车与路 (V2R)及车与V2X（Vehicle To Everything）等全方位的网络链接、信息交流与共享。

车联网利用传感技术感知车辆的状态信息，并借助通信网络与现代智能信息处理技术，可以实现交通的智能化管理以及车辆的智能化控制。比如，车联网实现车与车之间的信息交流与信息共享，包括车辆位置、行驶速度等车辆状态信息，可用于判断道路车流状况，引导车辆选择最佳行驶路径。

车联网还能够为车与车之间的距离提供保障，降低车辆发生碰撞事故的概率。车联网技术主要包括：识别传感技术、网络通信技术、大数据云计算技术和卫星定位技术等。

车联网现有两大标准体系：一个是由美国提出的专用短程通信（DSRC）体系；另一个是由中国主导的C-V2X体系。

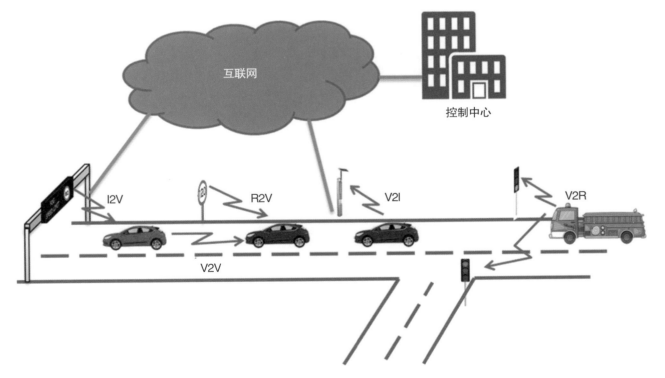

车联网架构示意图

电动汽车：指完全或主要以电能为能源，用电机驱动车轮行驶，符合道路交通、安全法规各项要求的车辆。

纯电动汽车：完全由动力电池（如铅酸蓄电池、镍镉蓄电池、镍氢蓄电池或锂离子蓄电池等）提供动力的汽车。

插电式混动汽车：通常是指可以外接充电的油电混合动力汽车，拥有油、电两套动力系统。

增程式电动汽车：只使用电力驱动汽车，当电量即将耗尽时，启动由燃油发动机和发电机组成的增程系统，为车载电池补充电能。

燃料电池汽车：使用电能作为唯一能源，它的电能是利用车载燃料电池实时发电获得的。它可以像燃油汽车一样加注燃料，燃料在燃料电池中产生化学反应而输出电能。

动力电池：为车辆、轮船、飞机等提供动力的蓄电池。

电池管理系统：俗称为电池保姆或电池管家，主要是为了管理及维护各个电芯，监控电芯的状态，防止电池出现过充电、过放电、热失控等，保证电池处于正常工作状态。

整车控制器：电动汽车的控制中心，像大脑一样控制汽车的全局。

电机：一种用于实现机械能与电能之间相互转换的电力装置。用来驱动时，它是电动机；用来发电时，它是发电机。

交流电机：用于实现机械能与交流电能之间相互转换的装置。

直流电机：用于实现机械能与直流电能之间相互转换的装置。

交流异步电动机：一种将电能转化为机械能的电力拖动装置，它的转子与定子旋转磁场不同步旋转。

永磁同步电动机：一种将电能转化为机械能的电力拖动装置，它的转子与定子旋转磁场同步旋转。

自动驾驶技术：利用电子信息与自动控制技术，辅助或替代驾驶人对汽车进行控制的技术。

毫米波雷达：工作频段在毫米波频段的雷达。

激光雷达：通过发射红外激光并接收反射光的方式判断物体距离，呈现目标物精确的三维结构信息。

智能座舱：指可以与人、路、车本身进行智能交互的座舱。主要包括：人机交互系统、环境控制系统、影音娱乐系统、信息通信系统、导航定位系统等。主要硬件配置包括：流媒体后视镜、抬头显示器（HUD）、电子后视镜等；智能控制系统主要包括：语音识别、人脸识别、触摸识别、生物识别等。

车联网技术：车与云平台（V2I）、车与车(V2V)、车与路（V2R）及车联万物（V2X）等全方位的网络链接、信息交流与共享。

远程升级（OTA）：英文"over-the-air technology"的简称，意为"空中下载技术"。具备OTA功能的汽车，可以通过网络传输系统实现对软件进行远程管理、对硬件功能进行远程修补等。

视频索引